丛书系国家社科基金重大招标项目《中国共产党百年奋斗中坚持敢于斗争经验研究》（项目编号：22ZDA015）阶段性成果。

奋力建设现代化新广东研究丛书

中山大学中共党史党建研究院　编　张　浩　丛书主编

现代化产业体系建设的广东实践研究

罗嗣亮 等　著

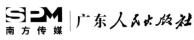

广东人民出版社

·广州·

图书在版编目（CIP）数据

现代化产业体系建设的广东实践研究 / 罗嗣亮等著.
广州：广东人民出版社，2024.8.（奋力建设现代化新广东
研究丛书）. -- ISBN 978-7-218-17813-4

Ⅰ. F127.65

中国国家版本馆CIP数据核字第2024MM7563号

XIANDAIHUA CHANYE TIXI JIANSHE DE GUANGDONG SHIJIAN YANJIU

现代化产业体系建设的广东实践研究

罗嗣亮 等 著

出 版 人：肖风华

出版统筹：卢雪华
策划编辑：曾玉寒
责任编辑：伍茗欣 李宜励
装帧设计：广大迅风艺术 刘瑞锋
责任技编：吴彦斌

出版发行：广东人民出版社
地　　址：广州市越秀区大沙头四马路10号（邮政编码：510199）
电　　话：（020）85716809（总编室）
传　　真：（020）83289585
网　　址：http://www.gdpph.com
印　　刷：广州市豪威彩色印务有限公司
开　　本：787mm×1092mm　1/16
印　　张：12.75　　字　　数：230千
版　　次：2024年8月第1版
印　　次：2024年8月第1次印刷
定　　价：58.00元

如发现印装质量问题，影响阅读，请与出版社（020-85716849）联系调换。
售书热线：（020）87716172

▶ 总 序

古代广东处于中国大陆的最南端，南有茫茫大海、北有五岭的重重阻隔，且远离中国的政治经济文化中心。然而，近代以来，广东却屡开风气之先。广东是反抗外国侵略的前哨，同时又是外国新事物传入中国的门户，地处东西文明交流的前沿，一直扮演着现代化先行者的角色。许多重大历史事件和著名历史人物不约而同和广东联系在一起，使广东在整个近代中国居于一种特殊的地位。中国近代史的第一页就是在广东揭开的。两次鸦片战争都在广东发生，西方国家用大炮打开中国大门，首先打的是广东。而中国人民反抗外国侵略的斗争，也首先是从广东开始的。众所周知，1840年英国侵略者以林则徐在广东虎门销烟为由，发动侵略中国的鸦片战争，这是中国近代史开端的标志。作为近代中国人民第一次反侵略斗争的三元里抗英斗争即发生在广东，因此广东成为中国反对外来侵略的前沿阵地。广东也产生了一大批在中国乃至世界上都有影响力的思想家、革命家。他们站在时代的前列，探索救国救民的真理，投身于救国救民的运动，推动和影响了近代中国发展的历史进程。毛泽东在《论人民民主专政》一文中谈到近代先进的中国人向西方寻求救国真理，他举出四个代表人物，即洪秀全、严复、康有为和孙中山，这四个人中有三个是广东人。从洪秀全领导的太平天国起义，到康有为等人领导的维新运动，这些广东仁人志士对救国良方的寻觅，都推动了中国早期的现代化进程。特别是孙中山先生在《建国方略》中曾对中国现代化景象作出过天才般的畅想。然而，遗憾的是，由于没有先进力量的领导、没有科学理论的指导，民族独立无法实现，现代化也终究是水月镜花。

1921年7月，中国共产党的诞生，是开天辟地的大事变，标志着中国的革命事业有了主心骨、领路人。广东是大革命的策源地、中国共产党领导革命斗争的重要发源地之一、中国共产党探索革命道路的核心区域之一和全国敌后抗日三大战场之一。革命战争年代，广东英雄人物辈出，其中陈延年、张太雷、邓中夏、蔡和森、张文彬等人为中国革命献出了宝贵生命；彭湃烧毁自家田契，领导了海陆丰农民运动，为人民利益奋斗终身；杨殷卖掉自己广州、香港的几处房产，为革命事业筹集经费，最后用生命捍卫信仰……这些铮铮铁骨的共产党人用生命为民族纾困，为国家分忧。总之，广东党组织在南粤大地高举革命旗帜28年而不倒，坚持武装斗争23年而不断，为中国新民主主义革命的胜利作出了巨大的贡献，从而为现代化事业发展准备了根本条件。

新中国成立后，广东砥砺前行，开始了探索建设社会主义现代化的伟大实践。在"四个现代化"宏伟目标的指引下，中共广东省委带领广东人民以"敢教日月换新天"的勇气和斗志，发展地方工业，完成社会主义改造，建立起社会主义基本制度，拉开大规模社会主义建设的序幕。此后，广东又在国家投资支援极少的情况下，自力更生建立了比较完整的工业体系和国民经济体系。这一时期，全省兴建了茂名石油工业公司、广州化工厂、湛江化工厂、广州钢铁厂以及流溪河水电站、新丰江水电站等骨干企业，改组、合并和新建了200多家机械工业企业，工农业生产能力明显增强。这一时期，广东社会主义现代化建设事业经过长期而艰苦的实践探索，在农业、工业、科学技术等方面取得了一系列突出成就，为推进社会主义现代化奠定了坚实的物质基础。

党的十一届三中全会以来，广东充分利用中央赋予的特殊政策和灵活措施，在改革开放中先行一步，走出了一条富有广东特色的现代化发展路径。广东大胆地闯、大胆地试，以"敢为天下先"的历史担当和"杀出一条血路"的革命精神，带领全省人民解放思想，在改革开放探索中先行一步。"改革开放第一炮"作为"冲破思想禁锢的第一声春雷"响彻深圳蛇口上空，"时间就是金钱，效率就是生命"的口号传遍祖国大地。在推进经济特区建设、经济体制改革，发展外向型经济，率先建立社会主义市场经济体制的过程中，广东以改革精神破冰开局，实现了第一家外资企业、第一个出口加工区、第一张股票、第一批农民工、第一家涉外酒店、第一个商品房小区等多个"第一"；探索出"前店后厂""三来一补""外向带动""腾笼换鸟、造林引凤""粤港澳合作"等诸多创新之路。相关数据显示，至2012年，城乡居民人均可支配收入分别为30226.71元和10542.84元；城镇化水平达67.4%，人均预期寿命提高到76.49岁，高等教育毛入学率超过32%。作为改革开放的先行地，广东还贡献了现代化的创新理念、思路和实践经验。"珠江模式""深圳速度""东莞经验"等在全国产生了巨大影响，为探索中国特色社会主义现代化道路贡献了实践模板。总之，改革开放风云激荡，南粤大地生机勃勃，广东人民生活已经实现从温饱到总体达到小康再到逐步富裕的历史性跨越，为基本实现现代化打下了良好的基础。

党的十八大以来，中国特色社会主义进入新时代。习近平总书记对广东全面深化改革、全面扩大开放、深入推进现代化事业高度重视，先后在改革开放40周年、经济特区建立40周年、改革开放45周年等重要节点到广东视察，寄望广东"继续在改革开放中发挥窗口作用、试验作用、排头兵作用"，勉励广东"继续全面深化改革、全面扩大开放，努力创造出令世界刮目相看的新的更大奇迹"，要求广东"以更大魄力、在更高起点上推进改革开放"，嘱托广东在新征程上要"在全面深化改革、扩大高水平对外开放、提升科技自立自强能力、建设现代化产业体系、促进城乡区域协调发展等方面继续走在全国前列，在推进中国式现代化建设中走在前列"，这为广东推动改革开放和社会主义现代化向更深层次挺进、更广阔领域迈进指明了方向。在以习近平同志为核心的党中央的亲切关怀和坚强领导下，广东高举习近平新时代中国特色社会主义思想伟大旗帜，坚持改革不停顿、开放不止步，进一步解放思想、改革创新，进一步真抓实干、奋发进取，不断开创广东现代化建设新局面。广东立定时代潮头，坚持改革开放再出发，勇当中国式现代化的领跑者。广东以习近平总书记对广东的重要讲话和重要指示批示精神统揽工作全局，加强对中央顶层设计的创造性落实，不断围绕服务国家重大战略贡献长板、担好角色，以全面深化改革为鲜明导向，纵深推进粤港澳大湾区、深圳先行示范区建设，推动横琴、前海、南沙三大平台稳健起步，实现了经济平稳较好发展和社会和谐稳定，确保经济、政治、文化、社会、生态文明建设"五位一体"统筹推进，在经济高质量发展、文化强省建设、法治广东建设、生态文明建设以及民生事业发展等方面取得具有历史意义的新成就。2023年广东GDP达到13.57万亿元，经济总量连续35年全国第一，区域创新综合能力连续7年全国第一，规上工业企业超7.1万家，高新技术企业超过7.5万家，19家广东企业进入世界500强，超万亿元、超千亿元级产业集群分别达到8个和10个，"深圳—香港—广州"科技集群位居全球前列，建成国际一流的机场、港口、公路及营商环境，新质生产力发展势头良好，这为广东在推进中国式现代化建设中走在前列奠定了坚实的物质基础。

中国式现代化前途光明，任重道远。广东是东部发达省份、经济大省，以占全国不到2%的面积创造了10.7%的经济总量，在中国式现代化建设的大局中地位重要、作用突出，完全能够在现代化建设、高质量发展上继续走在全国前列。

促发展争在朝夕，抓落实重在实干。为了更好落实"在推进中国式现代化建设中走在前列"这一习近平总书记对广东的深切勉励、殷切期望和战略指引，2023年6月20日，中共广东省委十三届三次全会作出"锚定一个目标，激活三大动力，奋力实现十大新突破"的"1310"具体部署。这是紧跟习近平总书记、奋进新征程的坚定态度和郑重宣示，是把握大局、顺应规律、立足实际的科学布局，是推进中国式现代化的广东实践的施工图、任务书。时间不等人、机遇不等人、发展不等人。唯有大力弘扬"闯"的精神、"创"的劲头、"干"的作风，一锤一锤接着敲、一件一件钉实钉牢，才能把蓝图变为现实，推动广东在推进中国式现代化建设中走在前列。

岭南春来早，奋进正当时。2024年2月18日是农历新春第一个工作日，继去年"新春第一会"之后，广东再度召开全省高质量发展大会，这次大会强调"接过历史的接力棒，建设一个现代化的新广东，习近平总书记、党中央寄予厚望，父老乡亲充满期待，我们这代人要有再创奇迹、再写辉煌的志气和担当，才能不辜负先辈，对得起后人"，吹响了奋力建设一个靠创新进、靠创新强、靠创新胜的现代化新广东的冲锋号角，释放出"追风赶月莫停留、凝心聚力加油干"的鲜明信号。向天空探索、向深海挺进、向微观进军、向虚拟空间拓展，广东以"新"提"质"，以科技改造现有生产力，积极催生新质生产力，不断增强高质量发展的"硬实力"。观大局、抓机遇、行大道，广东作为经济大省、制造业大省，不断筑牢实体经济为本、制造业当家的根基，持续推动高质量发展，必将创造新的伟大奇迹。

2024年7月15日至18日，中国共产党第二十届中央委员会第三次全体会议在北京举行。党的二十届三中全会是在新时代新征程上，中国共产党坚定不移高举改革开放旗帜，紧紧围绕推进中国式现代化进一步全面深化改革而召开的一次十分重要的会议。全会审议通过的《中共中央关于进一步全面深化改革、推进中国式现代化的决定》，深入分析推进中国式现代化面临的新情况新问题，对进一步全面深化改革作出系统谋划和部署，既是党的十八届三中全会以来全面深化改革的实践续篇，也是新征程推进中国式现代化的时代新篇，擘画了进一步全面深化改革的蓝图，发出了向改革广度和深度进军的号令。广东全省上下要闻令而动，积极响应党中央的号召，全面贯彻落实党的二十届三中全会各项部署，以走在前列的担当进一步全面深化改革，扎实推进中国式现代化的广东实践。要围绕强化规则衔接、机制对接，把粤港澳大湾区建设作为全面深化改革的大机遇、大文章抓紧做实，携手港澳加快推进各领域联通、贯通、融通，持续完善高水平对外开放体制机制，依托深圳综合改革试点和横琴、前海、南沙、河套等重大平台开展先行先试、强化改革探索，努力创造更多新鲜经验，牵引带动全省改革开放向纵深推进。要围绕构建新发展格局、推动高质量发展，进一步深化经济体制改革，着眼处理好政府和市场的关系，加快构建高水平社会主义市场经济体制；着眼发展新质生产力，健全推动经济高质量发展体制机制；着眼补齐最突出短板，健全促进城乡区域协调发展的体制机制，更好激发广东发展的内生动力和创新活力。要围绕推进高水平科技自立自强，加快构建支持全面创新体制机制，深化教育综合改革、科技体制改革、人才发展体制机制改革，打通创新链、产业链、资金链、人才链，着力提升创新体系整体效能。要围绕提升改革的系统性、整体性、协同性，统筹推进民主、法治、文化、民生、生态等各领域改革，确保改革更加凝神聚力、协同高效。要围绕构建新安全格局，扎实推进国家安全体系和能力现代化，全面贯彻总体国家安全观，加强国家安全体系建设，完善公共安全治理机制，持续加强和创新社会治理，切实保障社会大局平安稳定。要围绕提高对进一步全面深化改革、推进中国式现代化的领导水平，切实加强党的全面领导和党的建设，始终坚持党中央对全面深化改革的集中统一领导，深化党的建设制度改革，健全完善改革推进落实机制，充分调动广大党员干部抓改革、促发展的积极性、主动性、创造性，以钉钉子精神把各项改革任务落到实处。

站在新的历史起点上，回望我们党领导人民夺取革命、建设、改革伟大胜利的光辉历程和广东取得的举世瞩目的发展成就，眺望强国建设、民族复兴的光明前景和广东现代化建设的美好未来，我们更加深刻感到，改革开放必须坚定不移，广东靠改革开放走到今天，还要靠改革开放赢得未来；更加深刻感到，改革开放需要群策群力，进一步全面深化改革，每个人都不是局外人旁观者，都是参与者贡献者；更加深刻感到，改革开放务求真抓实干，中国式现代化是干出来的，伟大事业都成于实干。岭南处处是春天，一年四季好干活。全省上下要从此刻开始，从现在出发，拿出早出工、多下田、干累活的工作热情，主动投身到进一步全面深化改革的宏伟事业中来，以走在前列的闯劲干劲拼劲，推动改革开放事业不断取得新进展新突破，推动高质量发展道路越走越宽，让创新创造社会财富的活力竞相迸发、源泉充分涌流，奋力建设好现代化新广东，切实推动广东在推进中国式现代化建设中走在前列，为强国建设、民族复兴作出新的更大贡献！

在中华人民共和国成立75周年、中山大学建校100周年之际，中山大学中共党史党建研究院组织专家撰写的《奋力建设现代化新广东研究丛书》的出版，具有重要的政治意义和纪念意义。同时，这套丛书也是国家社科基金重大招标项目《中国共产党百年奋斗中坚持敢于斗争经验研究》（项目号：22ZDA015）的阶段性成果，丛书的出版也有一定的学术意义。

希望这套丛书在深化对党的二十大精神和习近平总书记视察广东重要讲话、重要指示精神如何在岭南大地落地生根、结出丰硕成果的研究阐释方面立新功，在深化对广东推进中国式现代化的创新举措和发展经验研究方面谋新篇，在推动中山大学围绕中央和地方经济社会发展需要开展对策研究和前瞻性战略研究方面探新路。

是为序。

中山大学中共党史党建研究院

2024年8月

目录
CONTENTS

导　论　　　　　　　　　　　　　　　　　　　　001

1 第一章
现代化产业体系建设的理论基础、内涵特征与重大意义

一、现代化产业体系建设的理论基础　　　　**017**

（一）新发展阶段　　　　　　　　　　　　017

（二）新发展理念　　　　　　　　　　　　019

（三）新发展格局　　　　　　　　　　　　021

（四）高质量发展　　　　　　　　　　　　023

二、现代化产业体系建设的内涵特征　　　　**024**

（一）现代化产业体系建设的主要内涵　　　024

（二）现代化产业体系建设的核心特征　　　028

（三）现代化产业体系建设的基本要求　　　029

三、现代化产业体系建设的重大意义　　　　**031**

（一）贯彻习近平经济思想，推动高质量发展的必然要求　032

（二）适应社会主要矛盾变化，实现人民美好生活的

重要保障 033

（三）突破核心技术封锁，赢得全球大国竞争的迫切

需要 033

（四）全面建设社会主义现代化国家的重大战略举措 034

第二章

广东现代化产业体系建设的成就经验、现实基础和总体布局

一、广东现代化产业体系建设的成就经验 **038**

（一）以现代化产业体系建设推动高质量发展 039

（二）以实体经济支撑现代化产业体系建设 044

（三）以科技创新引领现代化产业体系建设 048

二、广东现代化产业体系建设的现实基础 **052**

（一）推进现代化产业体系建设存在的关键问题 053

（二）推进现代化产业体系建设面临的重要机遇 055

（三）推进现代化产业体系建设面临的现实挑战 057

三、广东现代化产业体系建设的总体布局 **059**

（一）现代化产业布局体系 059

（二）现代化产业空间布局 060

（三）现代化产业体系培育 069

3 第三章
坚持实体经济为本，高质量建设制造强省

一、全面塑造广东制造新格局 **074**

（一）不断巩固提升战略性支柱产业 076

（二）推进现代农业和制造业融合发展 078

（三）加快推进制造业与生产性服务业融合 080

（四）完善制造业高质量发展区域布局 081

二、加快培育形成新质生产力 **083**

（一）推进生产要素创新性配置，实现创新链与产业
链互联互通 084

（二）推动实现新质生产力与产业转型升级的良性循环 090

三、大力实施"大企业"培优增效 **091**

（一）构建企业梯级培育体系 092

（二）加快培育中国特色现代企业 094

（三）强化企业科技创新主体地位 096

（四）提升企业质量品牌能力 098

四、不断融入国内国际双循环体系 **099**

（一）高质量吸引和利用外资 100

（二）推动重点产品扩大进出口 102

（三）深化产业链供应链国际合作 104

4 第四章
加快产业转型升级，夯实产业体系根基

一、发挥产业基础能力的关键作用　　　　　108

　　（一）实施产业基础再造工程　　　　　108

　　（二）保障重点产业链稳定安全　　　　　109

　　（三）推动产业协同融合发展　　　　　111

二、提升产业链供应链现代化水平　　　　　112

　　（一）构建粤港澳大湾区区域协同创新共同体　　　　　113

　　（二）加速产业链供应链数字化转型　　　　　114

　　（三）形成以产业链供应链现代化为导向的产业政策　　　　　116

三、优化产业区域布局　　　　　118

　　（一）增强产业集群发展的整体性和协同性　　　　　119

　　（二）推进粤港澳大湾区产业全链条合作　　　　　121

　　（三）增强参与国际产业分工能力　　　　　122

5 第五章
发展战略性新兴产业，培育新动能新优势

一、全力构筑产业体系新支柱　　　　　126

　　（一）战略性新兴产业稳步增长　　　　　127

（二）持续推进关键核心技术攻关，提升原始创新能力　130

（三）大力支持龙头企业快速发展，发挥引领示范作用　132

（四）不断深化国际交流与合作，增强国际竞争力　136

二、加快建设战略性新兴产业集群　**139**

（一）战略性新兴产业集群优势与特征　139

（二）统筹引导，构建产业集群顶层设计　140

（三）优化布局，促进产业集群区域协同　144

（四）增加供给，改善产业集群发展环境　146

三、前瞻布局未来产业　**148**

（一）未来产业的重点方向　148

（二）未来产业初见成效　151

（三）构建面向未来产业的创新生态系统　153

6　第六章
强化广东现代化产业体系建设的组织保障

一、以高质量党建引领产业体系高质量发展　**158**

（一）强化党的领导　159

（二）完善规划体系　161

（三）健全实施机制　163

二、推动共建粤港澳大湾区国际金融枢纽　**165**

（一）加快建设现代金融服务体系　166

（二）提升金融服务实体经济水平 　　　　　　167

（三）有序实施更高水平金融开放 　　　　　　169

三、积极构建市场化、法治化、国际化营商环境　　　**170**

（一）全面推进市场化改革，构建高效公平开放的

全国统一大市场 　　　　　　　　　　　172

（二）推进"放管服"改革，着力营造高效便利的

政务服务环境 　　　　　　　　　　　173

（三）推进市场监管公平统一，打造稳定透明可预期

的法治化营商环境 　　　　　　　　　175

（四）激发市场主体活力和创造力，为投资兴业

营造良好的生态环境 　　　　　　　177

主要参考文献 　　　　　　　　　　　　　　　　　**179**

后　记 　　　　　　　　　　　　　　　　　　　**181**

▶ 导 论

现代化产业体系是现代化国家的物质技术基础。在21世纪的中国讨论现代化产业体系建设，首先必须从马克思主义中国化时代化的视野出发来认识现代化和中国式现代化。在纪念马克思诞辰200周年大会上的讲话中，习近平总书记指出，"当代中国的伟大社会变革，不是简单延续我国历史文化的母版，不是简单套用马克思主义经典作家设想的模板，不是其他国家社会主义实践的再版，也不是国外现代化发展的翻版。社会主义并没有定于一尊、一成不变的套路，只有把科学社会主义基本原则同本国具体实际、历史文化传统、时代要求紧密结合起来，在实践中不断探索总结，才能把蓝图变为美好现实。"①中国式现代化显然不是任何国家现代化发展的翻版，它是既坚持以马克思主义为指导，又结合中国具体实际、继承和发展中华优秀传统文化的现代化。

一、马克思主义视阈下的现代化和中国式现代化

现代化始终是马克思主义关注的主题。马克思主义本身就是在世界现代化进程中诞生的，其创始人既是现代化的见证者和参与者，也是现代化的思考者。在《共产党宣言》中，马克思、恩格斯高度评价了资本主义现代化对社会生产力的极大解放作用："资产阶级在它的不到一百年的阶级统治中所创造的生产力，比过去一切世代创造的全部生产力还要多，还

---

① 《习近平谈治国理政》第3卷，外文出版社2020年版，第76页。

要大。自然力的征服，机器的采用，化学在工业和农业中的应用，轮船的行驶，铁路的通行，电报的使用，整个整个大陆的开垦，河川的通航，仿佛用法术从地下呼唤出来的大量人口——过去哪一个世纪料想到在社会劳动里蕴藏有这样的生产力呢？"①在他们看来，这是此前的传统社会远远不可能达到的。按照马克思主义创始人的理解，现代社会与传统社会的一个关键性区别，就在于传统社会是自然生长的，而现代社会是创造性生长的，即"在土地所有制处于支配地位的一切社会形式中，自然联系还占优势。在资本处于支配地位的社会形式中，社会、历史所创造的因素占优势。"②例如，传统社会的生产工具是"自然形成的生产工具"，现代社会的生产工具则是"由文明创造的生产工具"。前者如工场手工业中使用的手工工具，只是人的手臂和腿的延长；后者如现代工业中的机器，则是融入了现代科技因素的发明创造。

现代化是任何民族都不得不卷入的世界历史进程，具有历史普遍性。所谓现代化，就是"工业革命以来现代生产力导致社会生产方式的大变革，引起世界经济加速发展和社会适应性的大趋势；具体来说，这是以现代化工业、科学和技术革命为动力，实现传统的农业社会向现代化工业社会的大转变，使工业文明渗透到经济、政治、文化、思想各个领域并引起社会组织和社会行为深刻变化的过程"③。随着工业化的快速发展，农业人口大量向城市转移，各类资源向城市集中，从而加速了城市化进程。工业化还大大推动了市场化的发展，"大工业建立了由美洲的发现所准备好的世界市场。世界市场使商业、航海业和陆路交通得到了巨大的发展。这

---

① 《马克思恩格斯文集》第2卷，人民出版社2009年版，第36页。
② 《马克思恩格斯全集》第30卷，人民出版社1995年版，第49页。
③ 罗荣渠：《现代化新论——世界与中国的现代化进程》，北京大学出版社1993年版，第95页。

种发展又反过来促进了工业的扩展，同时，随着工业、商业、航海业和铁路业的扩展，资产阶级也在同一程度上发展起来，增加自己的资本，把中世纪遗留下来的一切阶级排挤到后面去。"①世界市场的形成又进一步推进了物质生产和消费、精神生产和消费的全球化。

马克思主义创始人一方面高度赞扬由资产阶级所开创的这种现代化相对于传统社会发展的进步意义，另一方面又对这种现代化进行深刻反思，指出其并非最理想的现代化模式，也不应强加给任何国家。首先，马克思深刻批判了资本主义现代化进程中由资本拜物教带来的异化现象尤其是人与人之间相互关系的异化，主张以社会主义来校正现代化进程的航向。在他看来，资本主义现代化进程中的异化劳动一方面生产出异常丰富的商品，另一方面也生产出一种不平等、非人的生产关系。"通过异化劳动，人不仅生产出他对作为异己的、敌对的力量的生产对象和生产行为的关系，而且还生产出他人对他的生产和他的产品的关系，以及他对这些他人的关系"②。而在未来的社会主义社会，由于消除了资本拜物教，确立了社会主义的平等的生产关系，因而能像恩格斯所说的那样，"为所有的人创造生活条件，以便每个人都能自由地发展他的人的本性"③。

其次，尽管现代化是一种具有历史普遍性的进程，但马克思主义创始人并不认为每个国家都应当走同样的现代化道路。在《给〈祖国纪事〉杂志编辑部的信》中，马克思批评俄国民粹派理论家米海洛夫斯基把他"关于西欧资本主义起源的历史概述彻底变成一般发展道路的历史哲学理论，一切民族，不管它们所处的历史环境如何，都注定要走这条道路"，认为

---

① 《马克思恩格斯选集》第1卷，人民出版社2012年版，第401—402页。
② 《马克思恩格斯选集》第1卷，人民出版社2012年版，第59—60页。
③ 《马克思恩格斯全集》第2卷，人民出版社1957年版，第626页。

"他这样做，会给我过多的荣誉，同时也会给我过多的侮辱"。①也就是说，在马克思看来，如果认为俄国的社会发展道路可以复制西欧资本主义现代化的道路，而不考虑俄国农村公社的特殊性，这无疑是十分幼稚和荒谬的。实际上，就算是德国和法国这样具有相近文化传统的国家，在马克思看来也不太可能走完全相同的社会发展道路。德国的国情与法国不同，它在经济上、政治制度上落后于法国，但在哲学上又比法国更先进。在《〈黑格尔法哲学批判〉导言》中，马克思指出，"即使我否定了1843年的德国制度，但是按照法国的纪年，我也不会处在1789年，更不会是处在当代的焦点。"②换言之，如果在1843年，即《〈黑格尔法哲学批判〉导言》写作的这一年，对德国制度进行批判，也不可能有1789年法国大革命那样的历史效果。德国的资产阶级是软弱的、缺少生命力的，与法国的第三等级截然不同，因此，指望德国的资产阶级来进行法国那样的政治革命是不可能的。德国如果要解放，只能是越过政治解放的人的解放。

通过现代化实现国家富强、民族复兴和人民幸福，是中华民族近代以来最伟大的梦想。在近代中国的历史舞台上，许多政治力量都在寻求中国现代化的出路，但最终只有中国共产党领导中国人民走出的中国式现代化道路获得成功。中国式现代化道路的指导思想是马克思主义，这一道路与世界各国的现代化道路具有共同特征，又有鲜明的中国特色，是人口规模巨大的现代化、全体人民共同富裕的现代化、物质文明和精神文明相协调的现代化、人与自然和谐共生的现代化、走和平发展道路的现代化。而归根到底，中国式现代化就是中国共产党领导的社会主义现代化。其以社会主义的性质和社会主义现代化强国目标鲜明区别于资本主义的现代化，以鲜明的中国特色区别于西方现代化和其他模式的现代化，充分继承了马克

---

① 《马克思恩格斯选集》第3卷，人民出版社2012年版，第730页。
② 《马克思恩格斯文集》第1卷，人民出版社2009年版，第5页。

思恩格斯关于现代化的基本主张。

二、增强现代化产业体系建设的系统观念

现代化产业体系是指由包括现代农业、现代工业和现代服务业在内的各类产业构成的体系，是适应中国式现代化建设需要的现代产业体系。作为现代化国家建设的物质技术基础，现代化产业体系建设攸关社会主义现代化建设的成败和能否行稳致远。只有加快建设以实体经济为支撑的现代化产业体系，才能在未来发展和国际竞争中赢得战略主动。

中华人民共和国成立以来特别是改革开放以来，中国共产党领导中国人民不断推进产业现代化，夯实现代化国家建设的物质技术基础。这一过程大体上可以分为三个阶段：从中华人民共和国成立到改革开放前为第一阶段，这一阶段为了摆脱近代以来落后挨打的局面，实现中华民族"站起来"，建立了独立的比较完整的工业体系和国民经济体系，研制出了"两弹一星"等重大科研成果，并将工业现代化、农业现代化、国防现代化和科学技术现代化作为国家发展的总体战略目标；改革开放后到党的十八大前为第二阶段，这一阶段为了实现中华民族"富起来"，对上一阶段的计划经济体制进行深刻变革，逐渐建立起社会主义市场经济体制，实现了经济的高速增长，同时中国共产党提出了科学技术是第一生产力的重要论断，进而提出了科教兴国战略，但总体来看，科学技术进步的速度赶不上经济发展速度；党的十八大以来是第三阶段，这一阶段为了实现中华民族从"站起来""富起来"到"强起来"的伟大飞跃，以习近平同志为核心的党中央高度重视科技创新，深入实施科教兴国战略、人才强国战略、创新驱动发展战略，现代化产业体系建设步伐不断加快。

产业是发展的根基，加快形成新质生产力必须建设现代化产业体系。马克思主义哲学认为：只有用普遍联系的、全面系统的、发展变化的观点

观察事物，才能把握事物发展规律。建设现代化产业体系、加快形成新质生产力作为对经济社会发展的前沿性探索，必然面临许多未知因素和风险挑战，因此必须增强系统观念。习近平总书记提出："加快传统产业高端化、智能化、绿色化升级改造，培育壮大战略性新兴产业，积极发展数字经济和现代服务业，加快构建具有智能化、绿色化、融合化特征和符合完整性、先进性、安全性要求的现代化产业体系。"[①]这是对现代化产业体系建设的前瞻性思考和全局性谋划。

（一）坚持以实体经济为重，建设具有完整性的现代化产业体系

产业体系的完整性是我国产业体系区别于其他国家的重要特征，也是产业体系先进性和安全性得以达成和保持的基础条件。产业体系的完整性体现在产业门类齐全、产业链完整、零部件配套能力强等方面。中华人民共和国成立后，我国用了二三十年时间，逐渐建立起独立的比较完整的工业体系和国民经济体系。改革开放以来，我国用几十年的时间走完了西方发达国家几百年走过的工业化历程，建成了全球最完整、规模最大的工业体系。我国拥有41个工业大类、207个工业中类、666个工业小类，是全球唯一拥有联合国产业分类中全部工业门类的国家，制造业规模连续13年居世界首位。当然，要在国内国际双循环相互促进的背景下建设具有完整性的现代化产业体系，我国还面临一些产业"大而不强""全而不优"等问题。

为此，一要坚持以实体经济为重，优化制造业发展环境。习近平总书记2018年在广东考察时指出，"实体经济是一国经济的立身之本、财富之源。先进制造业是实体经济的一个关键，经济发展任何时候都不能脱实向

---

① 《着眼全国大局发挥自身优势明确主攻方向 奋力谱写中国式现代化建设的陕西篇章》，《人民日报》2023年5月18日。

虚。"①在数字化、智能化浪潮的冲击下，传统产业转型升级面临巨大压力，而在这样的背景下，一些地方简单地将传统产业定义为"低端产业"并加以淘汰，这是十分不可取的。但传统产业如果不能及时进行数字化智能化的升级改造，确实也会面临被淘汰的风险。二要加快补齐产业短板。目前我国已经是名副其实的制造业大国，但同世界工业强国相比，产业基础和产业链脆弱的问题仍然较为突出，一些核心基础零部件、关键基础材料、基础制造工艺等还存在瓶颈短板，产业链供应链中的一些关键环节还受制于人。只有加快补齐产业短板，才能尽快提升产业体系的完整性。三要在发挥我国超大规模市场优势的基础上，深化产业链供应链的国际合作。构建以国内大循环为主体、国内国际双循环相互促进的新发展格局，为产业链供应链的国际合作提出了新要求。在这一背景下，既要加强区域产业政策协同，推动国内产业链供应链提质增效，又要深化国际产业链供应链开放合作，鼓励中国企业"走出去"。

（二）发展新质生产力，建设具有先进性的现代化产业体系

产业体系的先进性主要是指各产业门类中的生产技术、生产组织方式的先进性，符合新一轮科技革命和产业变革的趋势，具有高端化、数字化、智能化、绿色化等特征。技术的先进性无论对于发展新质生产力来说，还是对于建设现代化产业体系来说，都是至关重要的，只有提高产业的先进技术含量，才能确保市场领先地位和增强经济实力，才能使中国产业迈向全球价值链的高端。正如习近平总书记所指出的，"在激烈的国际竞争中，我们要开辟发展新领域新赛道、塑造发展新动能新优势，从根本上说，还是要依靠科技创新。"②为此，必须坚持科技是第一生产力、人

---

① 《高举新时代改革开放旗帜　把改革开放不断推向深入》，《人民日报》2018年10月26日。
② 《牢牢把握高质量发展这个首要任务》，《人民日报》2023年3月6日。

才是第一资源、创新是第一动力，坚持创新在我国现代化建设全局中的核心地位。

加快科技创新，发展新质生产力，最终还是要落实到发展新产业上。具体来说，可以从以下方面努力：首先，加快发展壮大战略性新兴产业。战略性新兴产业是以科技革命驱动产业革命的产物，对国家和地区发展产生全局性影响，在未来产业竞争中发挥关键性作用，是国家和地区竞争优势的重要来源。2013年3月4日，习近平总书记在参加全国政协十二届一次会议科协、科技界委员联组讨论时的讲话中指出："现在世界科技发展有这样几个趋势：一是移动互联网、智能终端、大数据、云计算、高端芯片等新一代信息技术发展将带动众多产业变革和创新，二是围绕新能源、气候变化、空间、海洋开发的技术创新更加密集，三是绿色经济、低碳技术等新兴产业蓬勃兴起，四是生命科学、生物技术带动形成庞大的健康、现代农业、生物能源、生物制造、环保等产业。"[①]这是对世界科技革命引发新一轮产业变革的深刻洞察，勾勒出了建设战略性新兴产业的基本图景。其次，提前部署和培育未来产业。未来产业是处于萌芽期的新兴产业，在未来的某个时期将对经济发展产生强劲推动作用。环顾世界，发达国家对未来产业高度重视，美国、日本、德国、英国、法国等国家都在提前谋划和部署未来产业发展，以便在将来的世界经济格局中抢占发展先机。我国"十四五"规划和2035年远景目标纲要提出，要在类脑智能、量子信息、基因技术、未来网络、深海空天开发、氢能与储能等前沿科技和产业变革领域，加快进行产业孵化；要在科教资源优势突出、产业基础雄厚的地区，布局一批国家未来产业技术研究院，加强前沿技术和颠覆性技术供给；要实施产业跨界融合示范工

---

① 中共中央文献研究室：《习近平关于科技创新论述摘编》，中央文献出版社2016年版，第75页。

程，打造未来技术应用场景。

（三）统筹发展和安全，建设具有安全性的现代化产业体系

经济安全是国家安全的基础，是国家安全体系的重要组成部分。习近平总书记高度重视现代化产业体系建设，明确要求"打造自主可控、安全可靠、竞争力强的现代化产业体系"[①]。这意味着，我国所要建设的现代化产业体系，不仅要满足完整性、先进性的要求，还要满足安全性的要求，即在推进现代化产业体系建设过程中，要统筹好产业发展与产业安全的关系。一方面，产业发展是产业安全的基础。改革开放后较长的一个时期中，我国产业政策的重心都是放在产业发展上，这一时期，我国积极参与经济全球化和全球产业链分工，充分发挥了我国产业的比较优势。但2008年国际金融危机爆发后，逆全球化思潮抬头，单边主义和贸易保护主义对经济全球化产生明显的不良影响，美西方不断加强对我国产业的打压和遏制，这就使得产业安全成为当前一个突出的问题。从马克思主义的立场和观点来看，发展是硬道理，保障产业安全还得靠产业发展。新阶段的产业发展不能只满足于产业规模的扩张，更要着力于产业发展质量的提高，尤其是要着力提高产业科技含量和创新能力，增强全球产业竞争力，只有这样，才能通过提高对产业链供应链的掌控力，保障产业安全。另一方面，产业安全是产业发展的前提。保障产业安全，才能使产业平稳发展，使企业在产业大循环中持续获得利润，进而推动技术创新和绿色发展，以高水平安全为高质量发展保驾护航。

面向未来，应当重点做好以下工作：其一，持续增强产业链供应链韧性。产业链供应链安全是助推经济高质量发展、保障实体经济稳定运行的关键，也是国家经济安全的重中之重。习近平总书记强调："我国有世

---

① 习近平：《加快构建新发展格局　把握未来发展主动权》，《求是》2023年第8期。

界最完整的产业体系和潜力最大的内需市场，要切实提升产业链供应链韧性和安全水平，抓紧补短板、锻长板。"①作为世界上第二大经济体、第二大消费市场和最大的货物贸易大国，我国一直是全球产业链供应链的重要参与者和维护者。但也要看到，我国产业链供应链大而不强、全而不精、韧中有脆，关键环节创新能力不足，"卡脖子"问题仍然十分突出。2018年工信部对全国30多家大型企业的130多种关键基础材料调研结果显示，32%的关键材料仍为空白，52%的关键材料依赖进口。因此，未来一个时期，还须围绕我国重点领域产业链加快关键技术攻关，补强关键核心技术和零部件的薄弱环节，努力抢占科技竞争和未来发展的制高点。其二，着力维护粮食安全。手中有粮，心里不慌。在新征程上推进中国式现代化，要始终把保障国家粮食安全摆在首位，加快实现农业农村现代化，确保粮食生产平时产得出、供得足，极端情况下顶得上、靠得住。2024年中央一号文件把抓好粮食生产保供作为重点，明确了稳面积、增单产的主攻方向，明确提出确保粮食产量保持在1.3万亿斤以上的任务目标。②为切实维护粮食安全，要深入实施藏粮于地、藏粮于技战略，在粮食生产领域依靠科技走内涵式发展道路。其三，加强能源安全保障。能源保障和安全事关国计民生，是须臾不可忽视的"国之大者"。能源是工业的粮食、国民经济的命脉，有效保障国家能源安全是关系国家经济社会发展的重大问题。我国是世界上最大的能源消费国，也是能源进口大国，石油和天然气对外依存度分别高达70%、40%以上，尤其是天然气对外依存度还在连年攀升。因此，能源建设不能光靠传统产业，要在控制化石能源消费的同时，加快建设新型能源体系，大力发展新能源、清洁能源，充分利用好风

①　习近平：《当前经济工作的几个重大问题》，《求是》2023年第4期。
②　《中共中央国务院关于学习运用"千村示范、万村整治"工程经验有力有效推进乡村全面振兴的意见》，《人民日报》2024年2月4日。

能、太阳能、生物质能，把能源的饭碗牢牢端在自己手里。

三、加快建设现代化产业体系，助推广东经济高质量发展继续走在全国前列

高质量发展是全面建设社会主义现代化国家的首要任务，推进中国式现代化，必须牢牢把握这一首要任务。改革开放40多年来，广东作为改革开放的排头兵、先行地、实验区，已经完成从经济相对落后的农业省份到全国第一经济大省的惊人跨越。过去在建设小康社会的征途中，广东无疑走在全国前列，当前在全面建设社会主义现代化国家、推动高质量发展的新征途中，广东理应继续走在全国前列。为实现这一目标，必须进一步增强责任感、使命感、紧迫感，从各方面系统谋划，协调推进，才能闯出一条新路，勃发新的气象。

一要落实新发展理念，以全面谋划和精准思路做好加快建设现代化产业体系、推动高质量发展的顶层设计。党的二十大报告指出，"贯彻新发展理念是新时代我国发展壮大的必由之路"。创新、协调、绿色、开放、共享的新发展理念是科学系统的理论体系，既阐明了中国共产党关于发展的根本政治立场和道路指向，也回答了新时代发展的目的、动力、方式、路径等一系列具体问题。贯彻新发展理念，加快建设现代化产业体系，推动广东高质量发展，需要从广东当前的具体实际出发，做好全面谋划，精准定位发展思路。习近平总书记寄望广东"在推动高质量发展上聚焦用力，发挥示范引领作用"，在他的亲自谋划、亲自部署、亲自推动下，党中央接连赋予广东建设粤港澳大湾区、深圳先行示范区和横琴、前海、南沙三大平台等重大机遇，这为广东加快建设现代化产业体系、推动高质量发展的顶层设计搭建了四梁八柱。黄坤明书记指出，"贯彻新发展理念、

推动高质量发展是广东的根本出路"①，并强调高质量发展是广东实现现代化的必由之路、光明之路、奋进之路，这就牢牢把握住了高质量发展这个首要任务和总抓手。做好广东现代化产业体系建设和高质量发展的顶层设计，关键在于强化广东发展在国内国际两个循环中的关键功能，依托粤港澳大湾区这一重要动力源，发挥横琴、前海、南沙等重大平台作用，以质的提升激发量的井喷，以"再造一个新广东"的魄力创造让世界刮目相看的新奇迹。

二要全面深化改革，构建适应现代化产业体系建设和高质量发展的科学可行的体制机制。中国式现代化不仅是物质文明和精神文明相协调的现代化，也包含国家治理体系和治理能力的现代化，即要在党的领导下建立起经济、政治、文化、社会、生态文明和党建等各方面科学合理、先进可行的体制机制。党的二十大报告提出"构建高水平社会主义市场经济体制"，就是要建立起科学可行的经济体制机制，把有效市场和有为政府有机统一起来，以适应推动高质量发展的要求。改革开放以来，广东经济总量连续30多年稳居全国首位，近年来，经济结构持续优化，发展质量和效益不断提升，市场主体总量突破1600万户，其中企业超过700万户，占全国的1/7，研发人员数量、发明专利有效量、区域创新综合能力等均居全国首位。可以说，改革开放以来广东探索中国式现代化的主要成功经验就在于始终坚持社会主义市场经济体制改革方向，始终坚持改革创新、敢为人先。当前推进现代化产业体系建设和高质量发展，首先要抓住构建高水平社会主义市场经济体制这个"牛鼻子"，完善产权保护等市场经济基础制度，优化营商环境；其次要进一步完善科技创新体制机制，全面建设科技创新强省，向全世界展示一个不僵化、不停滞、不懈怠的活力广东。

---

① 《黄坤明同志在广东省高质量发展大会上的讲话实录》，广东省人民政府门户网站2023年1月28日。

三要坚持团结奋斗，以高质量党建引领高质量发展，努力提升各类人才建设现代化产业体系、推动高质量发展的素质能力和精神状态。首先，要以高质量党建引领高质量发展，坚持围绕发展抓党建，抓好党建促发展。习近平总书记在主持起草《中共中央关于制定国民经济和社会发展第十四个五年规划和二〇三五年远景目标的建议》时强调，高质量发展不仅仅是指经济领域，还包括党和国家事业发展的其他各个领域。要充分认识到，提高党的建设质量也是高质量发展的题中应有之义和有机组成部分。只有抓好党的政治建设，才能确保党的全面领导和党中央集中统一领导落地落实，充分发挥党推动经济社会高质量发展的强大政治优势和组织优势；只有抓好党的思想建设，才能有效发挥党的科学理论的实践伟力，使经济社会高质量发展在科学的轨道上向前推进；只有抓好党的组织建设，才能在经济社会高质量发展中配强领导班子这个决策层和指挥部，充分发挥广大党员的先锋模范作用、广大干部的骨干中坚作用和广大人才的战略支撑作用；只有抓好党的作风建设，才能保持党同人民群众的血肉联系，广泛凝聚人民群众推动经济社会高质量发展的智慧和力量；只有抓好党的纪律建设，打好反腐败斗争，才能营造和维护良好的政治生态，增强人民群众对经济社会高质量发展的信心。黄坤明书记要求，"全省各级党组织、广大党员干部特别是领导干部既要当好指挥员，还要当好战斗员，对重点任务亲自上手亲自抓，力戒形式主义、官僚主义，把工作抓紧抓细抓实。"①广东人民勤劳朴实、向上向善，广东企业敢于创新、百折不挠，只要广大党员干部扑下身子，沉到一线，认真倾听企业、群众的各方面意见，解剖麻雀、总结经验，就能不断提升建设现代化产业体系、推动高质量发展的素质能力。

---

① 《黄坤明同志在广东省高质量发展大会上的讲话实录》，广东省人民政府门户网站2023年1月28日。

其次，要围绕广东现代化建设发展需要，贯彻德才兼备、以德为先、任人唯贤方针，切实提高选人用人质量，培养造就大批德才兼备的高素质人才。千秋基业，人才为先。建设现代化产业体系，推动高质量发展，必须实施人才强国战略，建设规模宏大、结构合理、素质优良的人才队伍，这是我国社会主义现代化建设的必由之路。要不断深化人才工作体制机制改革，完善人才工作体系，培养造就大批德才兼备的高素质人才，抓紧各行各业急需人才的培养、引进和使用，重点抓好矢志爱国奉献、勇于创新创造的科技人才队伍建设，为广东现代化建设提供强有力的人才支撑。要走好人才自主培养之路。中国是一个大国，广东是一个大省，满足庞大的人才需求必须主要依靠自己培养人才，尤其是要加强基础研究人才的自主培养。要加快建设世界重要人才中心和创新高地，特别是粤港澳大湾区应当在关键核心技术领域拥有一大批战略科技人才、一流科技领军人才和创新团队。要营造识才爱才敬才用才的环境，把各方面优秀人才集聚到现代化产业体系建设和高质量发展进程中来。在中国共产党的坚强领导下，只要把各方面人才的积极性、主动性、创造性充分调动起来，就一定能推动全省上下聚焦高质量发展比学赶超、赛龙夺锦，谱写中国式现代化的广东新篇章。

第一章

现代化产业体系建设的理论基础、内涵特征与重大意义

CHAPTER 1

现代化产业体系是推动经济高质量发展的必由之路，是构建现代化经济体系和新发展格局的基础性和关键性举措，也是确保中国经济在全球竞争中赢得主动的根本条件。党的二十大将实现高质量发展作为中国式现代化的"本质要求"，并将建设现代化产业体系作为实现中国高质量发展的主要途径，充分彰显了现代化产业体系建设在新发展阶段的重要性。①作为改革开放的排头兵、先行地、实验区，广东对于现代化产业体系建设的实践探索，为新时代我国现代化产业体系建设提供了生动范例。2023年4月，习近平总书记在广东考察时强调："中国式现代化不能走脱实向虚的路子，必须加快建设以实体经济为支撑的现代化产业体系。广东要始终坚持以制造业立省，更加重视发展实体经济，加快产业转型升级，推进产业基础高级化、产业链现代化，发展战略性新兴产业，建设更具国际竞争力的现代化产业体系。"②新时代以来，广东深入学习贯彻习近平经济思想，切实把思想和行动统一到习近平总书记、党中央决策部署上来，奋力推进现代化产业体系建设、推进广东高质量发展。

① 《高举中国特色社会主义伟大旗帜　为全面建设社会主义现代化国家而团结奋斗——在中国共产党第二十次全国代表大会上的报告》，《人民日报》2022年10月26日。
② 《坚定不移全面深化改革扩大高水平对外开放　在推进中国式现代化建设中走在前列》，《光明日报》2023年4月14日。

▼ 一、现代化产业体系建设的理论基础

现代化产业体系建设不是无源之水、无本之木，而是具有深厚的理论基础。以毛泽东同志为核心的党的第一代领导集体开始提出探索"现代化的工业、现代化的农业、现代化的交通运输业和现代化的国防"的设想，带领全国人民建立独立的比较完整的工业体系和国民经济体系，为我国现代化产业体系建设奠定了物质技术基础。党的十一届三中全会之后，党和国家的工作重心从"以阶级斗争为纲"转向"以经济建设为中心"，开启了改革开放和社会主义现代化建设的新篇章。党的十八大以来，以习近平同志为核心的党中央团结带领全国人民，统筹推进"五位一体"总体布局、协调推进"四个全面"战略布局，贯彻新发展理念，构建新发展格局，推动高质量发展，形成了习近平经济思想。在习近平经济思想指导下，我国经济建设取得了举世瞩目的成就，从理论到实践都发生了历史性、全局性变化。习近平经济思想系统阐述、深刻回答了新时代"为谁发展""如何发展""实现什么样的发展"等一系列重大理论和实践问题，所蕴含的新发展阶段、新发展理念、新发展格局和高质量发展的核心理念和论断，为全面推进现代化产业体系建设提供了科学的理论指导。

（一）新发展阶段

正确认识我国所处的发展阶段是党制定正确路线方针政策的根本依据，也是推进我国经济社会发展的重要经验。人类社会发展是连续性和阶段性的辩证统一，对社会发展阶段的判断和划分展现着人们认识和运用社会发展规律的理论自觉。马克思坚信人类社会必然走向共产主义，而实现这一崇高目标还需要经历若干历史阶段，他把共产主义分为第一阶

段和高级阶段。1959年底至1960年初，毛泽东同志在读苏联《政治经济学教科书》时曾提出："社会主义这个阶段，又可能分为两个阶段，第一个阶段是不发达的社会主义，第二个阶段是比较发达的社会主义。后一阶段可能比前一阶段需要更长的时间。"[1]1987年，邓小平同志讲到："社会主义本身是共产主义的初级阶段，而我们中国又处在社会主义的初级阶段，就是不发达的阶段。一切都要从这个实际出发，根据这个实际来制订规划。"[2]虽然我国处于并将长期处于社会主义初级阶段的基本国情没有变，但是并不意味着我国社会主义初级阶段的演进中不会出现新的发展阶段。党的十九届五中全会提出："全面建成小康社会、实现第一个百年奋斗目标之后，我们要乘势而上开启全面建设社会主义现代化国家新征程、向第二个百年奋斗目标进军，这标志着我国进入了一个新发展阶段。"[3]2021年，习近平总书记在省部级主要领导干部学习贯彻党的十九届五中全会精神专题研讨班开班式上指出，"今天我们所处的新发展阶段，就是社会主义初级阶段中的一个阶段，同时是其中经过几十年积累、站到了新的起点上的一个阶段。"[4]

新发展阶段是我国社会主义发展进程中的一个重要阶段，是中华民族伟大复兴历史进程的大跨越。社会主义初级阶段不是一个静态、一成不变、停滞不前的阶段，也不是一个自发、被动、不用费多大气力自然而然就可以跨过的阶段，而是一个动态、积极有为、始终洋溢着蓬勃生机活力的过程，是一个阶梯式递进、不断发展进步、日益接近质的飞跃的量的积累和发展变化的过程。全面建设社会主义现代化国家、实现社会主义现代

① 《毛泽东文集》第8卷，人民出版社1999年版，第116页。
② 《邓小平文选》第3卷，人民出版社1993年版，第252页。
③ 《习近平谈治国理政》第4卷，外文出版社2022年版，第162页。
④ 《习近平著作选读》第2卷，人民出版社2023年版，第399页。

化，既是我国社会主义初级阶段发展的要求，也是我国社会主义从初级阶段向更高阶段迈进的要求。进入新发展阶段，我国经济发展的质量、效率、动力发生了重大变化，必须制定新的战略任务，转变发展理念，加快经济结构优化升级、提升科技创新能力、深化改革开放、加快建设现代化产业体系，抢占未来发展制高点。

（二）新发展理念

理念是行动的先导。党的十八届五中全会首次提出"创新、协调、绿色、开放、共享"的新发展理念。新发展理念是党对经济社会发展规律的全新系统认识，是最具标志性的原创理论成果，阐明了发展的目的、动力、方式、路径等一系列理论和实践问题，为加快现代化产业体系建设提供了理论基础和行动指南，构成了习近平经济思想的重要内容。立足新时代新征程，必须坚定不移转变传统发展观念，准确理解、全面贯彻新发展理念。

创新发展理念旨在解决发展动力问题。创新是引领经济发展的第一动力，也是牵引现代化产业体系建设的"牛鼻子"。随着中国特色社会主义进入新时代，人民美好生活的内涵更加丰富，不仅需要丰富的物质文化生活，也需要政治民主、公平正义、环境优美等方方面面的提升。生活消费从原来的数量型向质量型升级，从大众化需求向个性化、多元化和品质化转型，从"有没有"向"好不好"转变。因此，建设现代化产业体系，必须坚定贯彻创新发展理念，推动以科技创新为依托的产业创新，突破关键核心技术受制于人的局面，抢抓新一轮科技革命和产业变革机遇，着力发展战略性新兴产业，超前部署培育未来产业，提升我国自主创新能力，培育新质生产力，消除产业发展的"阿喀琉斯之踵"。

协调发展理念旨在解决不平衡不充分的发展问题。改革开放以来，我国经济发展取得了举世瞩目的成就，但发展过程中存在的不平衡不充分问题日益严重，突出表现在区域之间、城乡之间、产业之间、部门之间的不平衡；同时，我国在产业竞争方面、发展潜力方面、动力转换方面、制度创新方面等，还表现出发展不充分。这些不平衡和不充分发展，势必造成生产、分配、交换和消费之间的循环不畅。建设现代化产业体系，必须秉承协调发展理念，努力解决产业发展不平衡不充分的问题，注重产业发展的整体效能，增强产业体系的整体性和协调性，注重资源的均衡配置，补齐发展短板，挖掘发展潜力，增强发展后劲。

绿色发展理念旨在解决人与自然和谐问题。人与自然的关系是人类社会最基本的关系，实现人与自然的和谐共生是马克思主义生态观的核心思想。人与自然和谐共生既是中国式现代化的中国特色，也是中国式现代化的本质要求。曾经很长一段时间，我们沉醉于对大自然的开发利用，而忽视了合理保护。高投入、高消耗的经济增长方式必然带来废弃物的高排放，环境污染触目惊心，天蓝地绿水净的画面难得一见，生态危机已经来临。绿色发展是实现经济可持续发展的基本要求，也成为建设现代化产业体系的关键内容。要坚决摒弃损害甚至破坏生态环境的发展模式和做法，决不能再以牺牲生态环境为代价换取一时一地的经济增长，决不能走西方发达国家走过的"先污染后治理""边污染边治理"的现代化路子。

开放发展理念旨在解决发展内外联动问题。建设现代化产业体系必须主动顺应经济全球化潮流，更好地利用国内国外两个市场、两种资源。习近平总书记指出："坚持立足国内和全球视野相统筹，既以新理念新思路新举措主动适应和积极引领经济发展新常态，又从全球经济联系中进行谋划，重视提高在全球范围配置资源的能力。"①当前，我国已经是世界

---

① 中共中央文献研究室：《十八大以来重要文献选编》（中），中央文献出版社2016年版，第775页。

第二大经济体、最大货物出口国、第二大货物进口国、第二大对外直接投资国、最大外汇储备国、最大旅游市场。中国开放的大门不会关闭，只会越开越大，建设更高水平开放型经济新体制，实施更大范围、更宽领域、更深层次的全面开放的决心不会因为个别国家采取贸易保护、单边主义等逆全球化思维而动摇。

共享发展理念旨在解决社会公平正义问题。随着经济社会的发展，人民群众的物质文化需要得到基本满足后，对公平正义的要求也越来越高，公平正义被提到突出位置。改革开放以来，党和国家坚持以经济建设为中心，经济这块蛋糕越做越大，2018年国内生产总值已经突破90万亿人民币，恩格尔系数也降到28.4%，根据联合国的划分标准，我国总体进入相对富足阶段。但与此同时，衡量收入分配公平程度的基尼系数仍然高于世界警戒线，如何更好分配蛋糕的问题已凸显出来。贫穷不是社会主义，同样，收入分配差距过大也不是社会主义。建设现代化产业体系要促进社会公平正义，让人民共享改革发展成果。

（三）新发展格局

发展格局是决定发展方式、发展路径和发展可持续性的关键。构建以国内大循环为主体、国内国际双循环相互促进的新发展格局，是应对新发展阶段机遇和挑战、贯彻新发展理念的战略选择，也是新发展阶段要着力推动完成的重大历史任务，更是贯彻新发展理念的重大举措。经济活动本质是一个基于经济分工和价值增值的信息、资金和商品（或服务）在居民、企业和政府等不同的主体之间流动循环的过程。马克思在《资本论》中提出社会再生产理论，并将社会再生产过程描述为由"生产、分配、交换和消费"等环节构成的经济循环，还给出了产业资本循环从货币转换为商品、从购买商品到生产出新商品、从新商品再转换为货币的三个过程和公式。产业体系是国民经济循环体系的动力和基础，只有各个产业有序链接、高效匹配，实体经济、科技创新、现代金融、人力资源等才能实现协同发展，国民经济循环才能在各种情况下畅通无阻。

在继承马克思社会再生产理论的基础上，习近平经济思想抓住经济运行本质"经济循环"，提出构建以国内大循环为主体、国内国际双循环相互促进的新发展格局，进一步丰富和发展了当代马克思主义政治经济学。构建新发展格局的关键在于经济循环的畅通无阻，经济循环畅通无阻的关键在于推进产业体系现代化，从而连续不断地实现社会再生产过程，保证经济持续增长和经济结构不断优化。党的十八大以来，面对发展环境的不确定性和外部需求的不稳定性，加快构建新发展格局，要坚持扩大内需这个战略基点，疏通生产、分配、流通、消费等环节存在的堵点和难点，更多由国内市场主导国民经济循环；要把握好加快培育完整内需体系、加快实现科技自立自强、推动产业链供应链优化升级、推进农业农村现代化、提高人民生活品质、牢牢守住安全发展这条底线等工作着力点，增强国内大循环内生动力和可靠性；要积极推进高水平对外开放，以制度型开放提升国际循环质量和水平，塑造我国国际经济合作和竞争新优势。

建设现代化产业体系是构建新发展格局的战略过程。要坚持走中国特色新型工业化、信息化、城镇化、农业现代化道路，推动信息化和工业化深度融合、工业化和城镇化良性互动、城镇化和农业现代化相互协调，促进工业化、信息化、城镇化、农业现代化同步发展。党的十九届五中全会提出，到2035年我国基本实现新型工业化、信息化、城镇化、农业现代化，建成现代化经济体系。现代化产业体系是现代化经济体系的重要内容，建成现代化产业体系是建成现代化经济体系的首要任务。当今世界正处在以信息技术突破性发展驱动新一轮科技革命和产业变革的信息化时代，信息化已经成为现代化的核心特征，信息化与工业化深度融合并持续改变着城镇化内涵。而工业化和城镇化的互动发展，也带动了农业现代化，进而随着农业产业效率的提升也促进农业人口向城镇集聚。因此，信息化和工业化深度融合、工业化和城镇化良性互动、城镇化和农业现代化相互协调，是推进现代化产业体系建设的内在要求和基本规律。

（四）高质量发展

高质量发展是全面建设社会主义现代化国家的首要任务。党的十八大以来，随着国内外发展环境与条件的深刻变化，中国共产党不断深化对社会主义经济建设规律的认识，指出我国经济发展进入新常态，由高速增长阶段转向高质量发展阶段，经济社会发展必须以推动高质量发展为主题。这是因为我国经济发展中的矛盾和问题集中体现在发展质量上，必须把发展质量问题摆在更加突出的位置，着力提升发展质量和效益。相比粗放、低效率的"外延式发展"，高质量发展也被称为"内涵式发展"。从外延式发展转向高质量发展，就是驱动方式的转变，即由低级的驱动力转为高级的驱动力。全要素生产率是衡量高质量发展的重要指标，全要素生产率增长越快、对经济增长贡献越大，就表明经济高质量发展水平越高。相反，全要素生产率增长慢、贡献率低，就是粗放式、低效率增长。

习近平总书记在党的十九大报告中提出的高质量发展是对党的十八大关于"以经济质量和效益为中心"思想的进一步发展，是体现新发展理念的发展，是从"有没有"转向"好不好"的发展，"就是能够很好满足人民日益增长的美好生活需要的发展，是体现新发展理念的发展，是创新成为第一动力、协调成为内生特点、绿色成为普遍形态、开放成为必由之路、共享成为根本目的的发展"[①]。高质量发展与现代化产业体系建设紧

---

① 《习近平谈治国理政》第3卷，外文出版社2020年版，第238页。

密关联，为现代化产业体系建设提出了内在要求。推动高质量发展，必须要具备动力强、产业优和体制好三个重要支撑，这三个支撑也构成了现代化产业体系的核心内容。

▼二、现代化产业体系建设的内涵特征

现代化产业体系是现代化国家的物质技术基础，必须把发展经济的着力点放在实体经济上，为实现第二个百年奋斗目标提供坚强的物质支撑。纵观人类社会现代化发展历程，产业体系的现代化是现代化的核心，是决定大国兴衰的关键因素。因此，准确把握现代化产业体系的主要内涵、核心特征和基本要求对于推进现代化产业体系建设至关重要。

（一）现代化产业体系建设的主要内涵

现代化产业体系是我国产业现代化发展经验过程的概念化表达，是中国式现代化在产业层面的具体体现。现代化产业体系的内涵随着不同历史时期所面临的不同形势而不断发展。党的十七大报告首次提出"发展现代产业体系"，并将"转变经济增长方式"改为"转变经济发展方式"，提出促进国民经济又好又快发展。从"转变经济增长方式"到"加快转变经济发展方式"，体现了党对社会主义经济建设规律的认识和把握达到了一个新高度，对推动产业结构优化升级的认识和把握达到一个新高度。"发展现代产业体系"呼应了经济发展方式的转变，建立了转变经济发展方式与产业结构优化升级之间的联系。

党的十八大报告提出了"创新驱动发展战略""加快完善社会主义市场经济体制""加快转变经济发展方式"，明确了推进经济结构战略性

调整。习近平总书记在党的十八届五中全会上提出了"创新、协调、绿色、开放、共享"的新发展理念。此时提出"构建现代产业发展新体系"突出了"新"字的表述，呼应了创新发展的新发展理念。党的十九大报告提出，"我国经济已由高速增长阶段转向高质量发展阶段……建设现代化经济体系是跨越关口的迫切要求和我国发展的战略目标"，并提出"着力加快建设实体经济、科技创新、现代金融、人力资源协同发展的产业体系"，[①]即"四位协同"产业体系的概念。党的十九届五中全会提出，加快发展现代产业体系，推动经济体系优化升级。[②]

2022年10月，党的二十大报告提出"建设现代化产业体系。坚持把发展经济的着力点放在实体经济上，推进新型工业化，加快建设制造强国、质量强国、航天强国、交通强国、网络强国、数字中国"[③]，正式提出"现代化产业体系"的概念，赋予了现代化产业体系新的时代内涵。2023年5月5日，二十届中央财经委员会第一次会议强调："现代化产业体系是现代化国家的物质技术基础，必须把发展经济的着力点放在实体经济上，为实现第二个百年奋斗目标提供坚强物质支撑。"[④]2024年1月31日，习近平总书记在中共中央政治局第十一次集体学习时强调："要及时将科技创新成果应用到具体产业和产业链上，改造提升传统产业，培育壮大新兴产业，布局建设未来产业，完善现代化产业体系。"[⑤]习近平总书记的这些论述为现代化产业体系建设指明了方向。

---

① 《习近平谈治国理政》第3卷，外文出版社2020年版，第23、24页。
② 中共中央党史和文献研究室：《十九大以来重要文献选编》（中），中央文献出版社2021年版，第795页。
③ 《习近平著作选读》第1卷，人民出版社2023年版，第25页。
④ 《加快建设以实体经济为支撑的现代化产业体系　以人口高质量发展支撑中国式现代化》，《人民日报》2023年5月6日。
⑤ 《加快发展新质生产力　扎实推进高质量发展》，《人民日报》2024年2月2日。

　　从"现代产业体系"到"现代产业发展新体系"到"实体经济、科技创新、现代金融、人力资源协同发展的产业体系"再到"现代化产业体系",现代化产业体系的概念和内涵不断发展,折射出我国经济发展对产业结构转型升级的现实需求和客观要求。从党的十七大首次提出"现代产业体系"政策概念,到党的二十大正式提出"现代化产业体系",整个过程不仅呼应着我国经济的发展实践,而且将现代产业体系作为建设现代化经济体系的核心,凸显了现代产业体系推动经济发展实现质量变革、效率变革和动力变革的重大战略意义。"现代"与"现代化"在概念的基本内涵上存在区别。"现代"是与"传统"相对的概念,是对产业中技术密集程度和先进性的描述,侧重于"现代性"的特征表达,实践中主要体现为传统产业结构的转型升级,产业体系中相对高级的产业逐渐成为主导产业,即产业结构的高级化。而"现代化"是一个过程、体系和系统,是一个动态的、与时俱进的概念,强调的是产业之间复杂的内在联系和系统演化过程,并与全面建设社会主义现代化国家的总体目标保持一致。

　　根据不同历史时期所面临的形势,现代化产业体系的概念和内涵也随之不断发展。结合习近平总书记讲话、政府文件和学术成果来理解,这一产业体系主要指"以现代化工业为核心,以现代化农业为根基,以现代化服务业为支撑,以现代化基础设施为保障,不断实现产业基础高级化、产业结构高度化合理化、产业链现代化以及数字经济和实体经济融合化发展的产业体系"。现代化产业体系的主要构成要素包括现代化的工业、农业、服务业和基础设施,这些要素构成了这一产业体系的"四梁八柱"(图1-1)。

　　现代化的工业是现代化产业体系最重要的基础和核心。工业是立国之本,制造业是强国之基。各国产业体系整体的现代化水平,主要取决于工业的现代化水平。要坚持把发展经济的着力点放在实体经济上,把制造业的饭碗牢牢端在自己手上。我国人口规模巨大,工业规模要与人口规模和

图1-1 现代化产业体系建设的主要内涵

资料来源：根据政府文件和相关学术研究成果整理而成。

经济体量相匹配，才能有效满足14亿多人民的美好生活需要，并为量变促成质变、增强创新能力提供充足空间。我国工业质量效益与发达国家相比还有差距，要持续提升技术水平、产出效率、经济效益，努力培育若干战略性产业，加快培养一批世界一流企业、品牌和产业集群。

现代化的农业是现代化产业体系的重要根基。我们党高度重视农业现代化，并且取得了辉煌成就，有效解决了14亿多人口的吃饭问题。未来，要满足人民日益增长的美好生活需要，还要不断推进农业现代化，既要藏粮于地，又要藏粮于技，依靠科技进步不断解放和发展农业生产力。要深度融合各类先进生产要素，在科技支撑有力、设施装备先进、经营管理高效上下更大功夫，努力实现生产设施化、服务社会化、产业融合化，提升资源利用效率。要大力发展生物合成、"农业工厂"等农业新形态，突破耕地等自然条件的限制，更好满足现代社会的需求。

现代化的服务业是现代化产业体系的重要支撑。发展优质高效、现代化的服务业，既是产业延链增值的迫切需要，也是满足人民不断升级的高品质、多样化和个性化需求的必然要求。要推动现代服务业同先进制造业、现代农业深度融合，吸取一些国家"脱实向虚"导致产业空心化和社会分化的教训，坚持金融为实体经济服务，形成生产与服务相互促进的良性循环。要推动服务业供需更好适配，围绕产业的全生命周期规划和发展各类生产性服务业，围绕人的全生命周期规划和发展各类生活性服务业。

现代化的基础设施是现代化产业体系的重要保障。基础设施为产业发展提供不可或缺的公共服务，是现代化产业体系的重要组成部分。回顾世界现代化史，蒸汽机、内燃机、发电机、计算机等技术的大范围推广应用，都离不开相应基础设施的大规模建设和适度超前发展。我国交通、能源、信息、水利等"硬件"基础设施的总体规模已世界领先，要着力提升建设、运营、服务水平，高度重视发展支撑电力、金融、网络平台等高效稳健运行的"软件"基础设施，更好发挥基础设施体系的整体效能。要重视各类新型基础设施建设，适应提升公共卫生应急能力需要，依托大城市郊区现有旅游住宿等设施建设"平急两用"基础设施。

（二）现代化产业体系建设的核心特征

2023年5月5日，习近平总书记在二十届中央财经委员会第一次会议上强调："加快建设以实体经济为支撑的现代化产业体系，关系我们在未来发展和国际竞争中赢得战略主动。要把握人工智能等新科技革命浪潮，适应人与自然和谐共生的要求，保持并增强产业体系完备和配套能力强的优势，高效集聚全球创新要素，推进产业智能化、绿色化、融合化，建设具有完整性、先进性、安全性的现代化产业体系。"[①]这不仅深刻概括了现代化产业体系的核心特征，同时明确了建设现代化产业体系的目标要求。

---

① 《加快建设以实体经济为支撑的现代化产业体系 以人口高质量发展支撑中国式现代化》，《人民日报》2023年5月6日。

根据习近平总书记的重要讲话精神，现代化产业体系应当具备智能化、绿色化、融合化三个核心特征。

产业体系的智能化，是把握人工智能等新科技革命浪潮的必然要求。当前，通用人工智能、生命科学、新能源等前沿技术领域正在发生革命性突破，将深刻改变经济生产函数组合方式，对人类生产生活方式产生持续而深远的影响，已经成为各国竞相投入的新热点。能否实现产业体系的智能化转型，关系到未来国际竞争的成败。建设现代化产业体系，必须持续拓展信息化、数字化的深度，努力抢占全球产业体系智能化的战略制高点。

产业体系的绿色化，是实现人与自然和谐共生的必然要求。应对气候变化和保护生态环境，既是全人类的共同使命，更是我们自身高质量发展的内在要求。生产活动作为人与自然关系的主要环节，是实现绿色低碳循环发展的重中之重。建设现代化产业体系，必须牢固树立和践行绿水青山就是金山银山的理念，积极稳妥推进碳达峰碳中和，抓住全球绿色经济、绿色技术、绿色产业快速发展的机遇，努力实现资源节约、环境友好。

产业体系的融合化，是提升产业体系整体效能的必然要求。现代化产业体系不是若干产业门类的简单拼盘，而是一个内部存在有机联系、功能互补的复杂生态体系。随着新技术新业态新模式的不断涌现，行业边界越来越模糊，前沿科技跨领域交叉融合趋势越来越明显。建设现代化产业体系，必须推动产业门类之间、区域之间、大中小企业之间、上下游环节之间高度协同耦合，更好释放产业网络的综合效益。

（三）现代化产业体系建设的基本要求

习近平总书记在二十届中央财经委员会第一次会议上提出"建设具有

完整性、先进性、安全性的现代化产业体系"①，这明确提出了建设现代化产业体系应当符合完整性、先进性、安全性三个基本要求。

完整性是指现代化产业体系首先要保持并增强产业体系完备和配套能力强的优势。产业体系较为完整是我国的一大优势，由此产生了独特的范围经济效应。譬如，面对突如其来的新冠疫情，我国能够在较短时间内大幅提升各类抗疫物资的生产能力，有效满足疫情防控的需要，产业门类齐全是一个至关重要的因素。目前，我国在一些技术含量高的细分行业还有不足，要在巩固传统优势领域的同时，加快补齐这些短板，不断提高产业体系完整性。

先进性是指现代化产业体系要能够高效集聚全球创新要素、自主拓展产业新赛道。回顾世界工业化历程，每个时代都有一种或几种重大科技成果广泛渗透到各个产业。掌握这些重大科技成果和战略性支柱产业主导权的国家，往往是一个时代综合国力领先的国家。建设现代化产业体系，必须坚持科技是第一生产力、人才是第一资源、创新是第一动力，让创新深深扎根于产业发展的土壤中，着力构建一批新的增长引擎，不断塑造发展新动能新优势。

安全性是指现代化产业体系要实现重要产业链自主可控，确保国民经济循环畅通。我国建设现代化产业体系面临的国际环境错综复杂，世纪疫情影响深远，逆全球化思潮抬头，单边主义、保护主义明显上升，特别是有的国家"筑墙设垒""脱钩断链"，大搞单边制裁、极限施压，极力阻碍我国科技和产业发展。建设现代化产业体系，必须增强忧患意识，坚持底线思维，不断提升产业链供应链韧性和安全水平，为应对各种风险挑战提供战略支撑。

① 《加快建设以实体经济为支撑的现代化产业体系 以人口高质量发展支撑中国式现代化》，《人民日报》2023年5月6日。

▼三、现代化产业体系建设的重大意义

当前，我国进入新发展阶段，开启了全面建设社会主义现代化国家、向第二个百年奋斗目标进军的新征程。贯彻落实新发展理念，加快构建新发展格局，推动高质量发展，满足人民群众对美好生活的需要，都对加强现代化产业体系建设提出了新任务新要求。党的十九大报告提出，"我国经济已由高速增长阶段转向高质量发展阶段……建设现代化经济体系是跨越关口的迫切要求和我国发展的战略目标……着力加快建设实体经济、科技创新、现代金融、人力资源协同发展的产业体系"[①]。党的十九届五中全会提出，加快发展现代产业体系，推动经济体系优化升级。[②]党的二十大报告明确提出："建设现代化产业体系。坚持把发展经济的着力点放在实体经济上，推进新型工业化，加快建设制造强国……"[③]现代化产业体系是现代化经济体系和中国式现代化的重要内容。新时代新征程加快建设现代化产业体系，是完整、准确、全面贯彻新发展理念，加快构建新发展格局，实现高质量发展的必然要求，是适应社会主要矛盾变化、实现人民美好生活的重要保障，对于全面建设社会主义现代化国家、顺利实现第二个百年奋斗目标具有重要意义。广东是改革开放的排头兵、先行地、实验区，在中国式现代化建设的大局中地位重要、作用突出，在现代化产业体系建设方面的实践探索为新时代我国经济建设工作提供了生动范例。广东现代化产业体系建设是习近平经济思想在广东落地生根的生动实践，是确

---

① 《习近平谈治国理政》第3卷，外文出版社2020年版，第23—24页。

② 中共中央党史和文献研究室：《十九大以来重要文献选编》（中），中央文献出版社2021年版，第795页。

③ 《习近平著作选读》第1卷，人民出版社2023年版，第25页。

保广东在中国式现代化建设中走在前列的应有之义，是推动广东实现高质量发展的必由之路。

（一）贯彻习近平经济思想，推动高质量发展的必然要求

高质量发展是全面建设社会主义现代化国家的首要任务。高质量发展的根本理念在于经济发展得"好不好"而不是"有没有"，这也是习近平经济思想的核心要义。当前，我国高质量发展还存在诸如科技创新不强、供给体系质量不高及资源要素效率不高等不足。加快建设现代化产业体系是全面贯彻落实习近平经济思想、推动高质量发展的必然要求。党的十八大以来，我国产业结构不断调整优化，产业体系更加完备，有力支撑了全面建成小康社会。进入新发展阶段，国内外发展环境的新变化和全面建设社会主义现代化国家的新使命对经济发展提出了新要求。我国经济发展已由高速增长阶段转向高质量发展阶段，正在经历质量变革、效率变革、动力变革。推动高质量发展，要求从量的扩张转向质的提升，把发展质量问题摆在更为突出的位置，着力提升发展质量，形成优质多样化的产业供给体系。推动高质量发展，要求持续优化生产要素配置，不断提高劳动效率、资本效率、土地效率、资源效率，不断提高全要素生产率，形成高效的产业供给体系。高质量发展，是创新成为第一动力的发展，要求从主要依靠资源和低成本劳动力等要素投入转向创新驱动，加快新旧动能转换，不断提升产业基础能力，推动传统产业优化升级，培育具有国际竞争力的战略性新兴产业，建立起优质高效创新的现代化产业体系。

（二）适应社会主要矛盾变化，实现人民美好生活的重要保障

加快建设现代化产业体系，是适应我国社会主要矛盾新变化的重要

体现，更是实现人民美好生活需要的重要保障。党的十八大以来，中国特色社会主义进入新时代，我国社会主要矛盾已经转化为人民日益增长的美好生活需要和不平衡不充分的发展之间的矛盾。新时代新征程，我国存在市场供给和人民美好生活需求不匹配、市场供给质量不高等问题。究其原因，在于我国产业体系现代化水平不足。因此，必须加快建设现代化产业体系，制造生产出能够更好地满足人民美好生活需要的高质量产品。改革开放以来，我国通过大力发展实体经济，形成较为丰富的产品供给，告别"短缺经济"，有效满足了人民群众生产生活需要。在解决了"有没有"的问题后，为了更好地适应新时代我国社会主要矛盾的新变化，尤其是人民对美好生活需要的新向往，党中央和国家加快推进产业体系建设，提升中高端产品的供给能力，满足人民消费的多元化、个性化和升级化需求，着力解决"好不好"的问题，促进人民生活水平稳步提升、民生福祉持续改善。全体人民共同富裕是中国特色社会主义的本质要求，也是中国式现代化的本质要求和特征，需要通过提高劳动生产率和劳动者收入水平来实现，同样离不开现代化的产业体系。为此，要加快建设现代化产业体系，做实、做强、做优实体经济，创造一大批高质量的就业岗位，把"蛋糕"做大做好，把"蛋糕"切好分好，在发展中实现人民对美好生活的向往。

（三）突破核心技术封锁，赢得全球大国竞争的迫切需要

现代化产业体系是构建现代化经济体系和新发展格局的重要基础，更是突破核心技术封锁，赢得全球大国竞争主动权的迫切需要和关键支撑。当前，国际经济政治格局发生深刻复杂变化，大国竞争日趋激烈，地缘政治因素和疫情冲击正在使全球产业分工加速向区域化、多元化方向调整。产业竞争已成为全球大国竞争的主战场，现代化产业体系是主动把握

新一轮科技革命与产业变革，有效应对新一轮国际产业竞争的关键"胜负手"。我国产业链整体上处于中低端，大而不强、宽而不深，必须加快建设现代化产业体系，打造完整、有韧性的产业链，才能把产业安全、经济安全、国家安全牢牢掌握在自己手中。同时，我国产业体系虽然规模庞大、门类众多，但仍然存在不少"断点"和"堵点"，尤其是我国产业发展面临外部打压遏制随时可能升级、关键核心技术受制于人等问题。因此，必须抢抓以大数据、云计算及人工智能等为代表的新一轮科技革命和产业变革的历史机遇，加快建设现代化产业体系，提升人工智能、生物科技、新能源、高端装备等自主创新能力，培育新动能补短板，抢占未来产业竞争制高点，确保我国在全球新一轮科技革命和产业竞争中赢得主动权和占据有利地位。

（四）全面建设社会主义现代化国家的重大战略举措

现代化产业体系是社会主义现代化强国的物质基础和重要标志。当前，我国进入新发展阶段，建设现代化产业体系是全面建设社会主义现代化国家的重大举措。当今，成功实现现代化的国家，大都经历过产业体系现代化的过程。没有现代化产业尤其是不重视发展实体经济就会"掉队"，甚至落入"中等收入陷阱"。譬如，欧美日等实现现代化的国家都先后历经科技革命和产业变革，成功培育本国的现代化产业。而有些国家依靠资源优势曾短暂跻身高收入国家行列，但最终都因没有现代化产业而落入"中等收入陷阱"。中国共产党以实现中华民族伟大复兴为己任，长期致力于推进现代化国家建设，其中产业现代化始终是我国现代化建设的重要目标和任务。1954年，第一届全国人民代表大会提出建设现代化的工业、农业、交通运输业和国防的目标。1964年，第三届全国人民代表大会提出实现四个现代化目标的"两步走"设想：先经过三个五年计划时间，建立一个独立的比较完整的工业体系和国民经济体系，然后全面实现农业、工业、国防和科学技术的现代化。改革开放特别是党的十八大以来，我国社会主义现代化建设取得的成就与我国不断推进产业现代化密不可分。进入新发展阶段，提高经济实力和科技实力，只有紧紧抓住产业现代化这个关键，夯实现代化产业体系这个物质技术基础，才能更好适应全面建设社会主义现代化国家的要求。

广东现代化产业体系建设的成就经验、现实基础和总体布局

CHAPTER 2

　　"广东是改革开放的排头兵、先行地、实验区，在中国式现代化建设的大局中地位重要、作用突出。"[①]党的十八大以来，习近平总书记四次亲临广东，对广东推动高质量发展、做大做强实体经济、以科技创新推动产业创新作出科学指引，为广东改革发展锚定航向。在习近平新时代中国特色社会主义思想指导下，广东省紧紧围绕"在全面建设社会主义现代化国家新征程中走在全国前列"的总定位总目标，集中精力抓经济、一心一意谋发展，始终坚持以制造业立省，坚定不移推进制造强省建设，更加重视发展实体经济，加快产业转型升级，推进产业基础高级化、产业链现代化，发展战略性新兴产业，不断壮大代表新技术、创造新价值、塑造新动能的新质生产力，建设更具国际竞争力的现代化产业体系。

▼ 一、广东现代化产业体系建设的成就经验

　　高质量发展是全面建设社会主义现代化国家的首要任务，加快建设现代化产业体系是推动高质量发展的必然要求。习近平总书记指出："只有形成现代化经济体系，才能更好顺应现代化发展潮流和赢得国际竞争主动，也才能为其他领域现代化提供有力支撑。"[②]广东始终锚定高质量发展首要任务，以实体经济为支撑大力推进现代化产业体系建设，产业转型升级的步伐不断提速，新兴产业释放充沛动能，科技创新塑造发展新优

---

① 《坚定不移全面深化改革扩大高水平对外开放　在推进中国式现代化建设中走在前列》，《人民日报》2023年4月14日。
② 《习近平谈治国理政》第3卷，外文出版社2020年版，第240页。

势，助推广东高质量发展继续走在全国前列。

（一）以现代化产业体系建设推动高质量发展

广东是中国第一经济大省，但在中华人民共和国成立之初，广东还是一个比较贫困的省份，经济以农业为主。1949年，广东全省地区生产总值（GDP）只有20.3亿元。从1978年开始，广东乘着改革开放的东风，经济迎来了飞速发展。1978年，广东GDP总量达到185.57亿元，排名全国第五。1989年，广东经济总量首次排名全国第一。自此之后，广东经济持续快速发展，连续35年经济总量位居全国首位。特别是在党的十八大以来，广东大力推进现代化产业体系建设，产业发展稳中加固、稳中向好，推动经济实现质的有效提升和量的合理增长，助推经济高质量发展走在前列。2012年，广东的GDP达到57067.92亿元；2021年实现GDP翻倍，达到124369.67亿元；2023年成为我国首个GDP突破13万亿元的省份，达到135673.16亿元。（见图2-1）

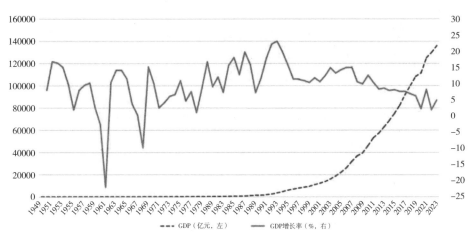

图2-1　1949—2023年广东地区生产总值及其增长率
数据来源：广东统计信息网、《广东统计年鉴》、中经网统计数据库。

从改革开放之初依靠"三来一补""前店后厂"模式，大力发展家电、纺织服装、建筑材料等传统加工制造业，"珠江水、广东粮、岭南衣、粤家电"造就了广东制造业高速增长的奇迹，到21世纪初电子信息、石油化工、钢铁等重工业成为新支柱，再到如今二十大战略性产业集群格局初现，背后是对传统产业重要性的重新审视。事实上，以制造业为核心的产业建设一直是广东经济发展的主线。纵览广东产业发展历程，广东三次产业结构经历了三次大的变化，实现从"一三二"到"二三一"再到"三二一"的跨越式转变，基本形成现代化产业体系。1949年，广东三次产业结构为60.1∶12.9∶27.0；1970年，第二产业超越第一产业，产业结构呈现"二一三"，三次产业结构为39.3∶39.4∶21.27；1985年，第三产业超越第一产业，产业结构呈现"二三一"。（见图2-2）

党的十八大以来，广东加快推进经济结构战略性调整和经济转型升级。2013年，第三产业超越第二产业，确立"三二一"的产业结构；2023年，广东三次产业结构为4.08∶40.12∶55.79，"三二一"的产业格局不断向纵深发展。其中，第三产业取得更为快速的发展，2023年实现增加值75695.21亿元，是2012年的2.87倍；第二产业稳步前行，2023年实现增加值54437.26亿元，是2012年的1.96倍；第一产业保持平稳运行，2023年实现增加值5540.70亿元，是2012年的1.94倍。（见图2-2）随着经济的不断发展，二三产业对经济增长的贡献程度也在不断加强，其中第二产业贡献率明显上升，制造业贡献率超过50%。总体而言，广东第二产业与第三产业在经济中居于主体地位，对经济的影响在不断增强。

现代化产业体系初步形成，产业转型升级向高端化迈进。广东产业转型升级走在全国前列，特别是党的十八大以来，随着新一代信息技术服务的发展，"互联网+"经济新业态，数字经济、智慧社区等"新产业、新业态、新商业模式"迅速兴起，新经济成长壮大。近年来，广东深入

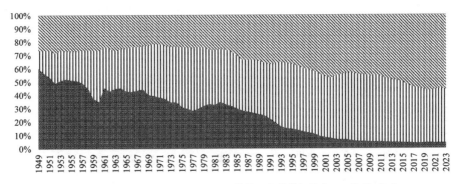

■ 第一产业增加值占GDP比重（%）　　　‖ 第二产业增加值占GDP比重（%）
▧ 第三产业增加值占GDP比重（%）

图2-2　1949—2023年广东三次产业结构
数据来源：广东省统计信息网、《广东统计年鉴》、中经网统计数据库。

推进供给侧结构性改革，产业继续向中高端水平迈进，初步形成以先进制造业为支撑、现代服务业为主导的现代产业体系。支柱产业不断壮大，现已形成新一代电子信息、绿色石化、智能家电、先进材料、现代轻工纺织、软件与信息服务、现代农业与食品、汽车等8个万亿元级产业集群，正朝着世界级产业集群目标快步迈进。战略性新兴产业发展迅猛，5G产业、数字经济规模均居全国首位。现代物流业、电子商务业、健康服务业快速发展，新兴服务产业和跨境电商、市场采购贸易等新业态新模式蓬勃发展。广东通过科技创新带动新产业、新业态、新商业等"三新"经济实现持续稳定增长，新经济增加值由2018年的24973.29亿元增加至2022年的33358.93亿元，超过GDP比重的四分之一（见图2-3）。以"三新"为代表的新兴经济不断发展，促进了广东新质生产力加快形成，成为带动广东经济转型升级的重要力量。为进一步推动现代化产业体系建设，当前，广东一方面继续聚焦创新驱动，加快构筑新质生产力，在关键核心技术自主可控上聚力攻坚，让创新之花更好地结出产业之果；另一方面聚焦转型引领，加快优化产业形态，不断提高广东制造的"含智量""含绿量""含金量"。

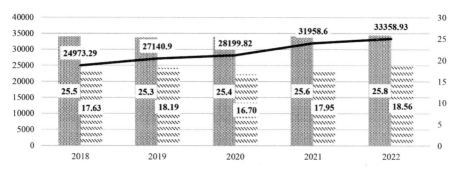

图2-3 2018—2022年"三新"经济增加值

数据来源：广东统计信息网、《广东统计年鉴》、中经网统计数据库。

大力推进现代化产业体系建设，广东产业呈现集聚特征。产业集聚作为一种空间组织形式，有利于集群内企业间的要素流动和共享，具有显著的正外部性特征。从改革开放到1992年，是广东产业集群发展的萌芽时期，此时乡镇企业、"三资"企业蓬勃发展，产业集群以劳动密集型产业为主，产业类别包括服装纺织、食品、灯饰、五金等日常消费品和加工贸易品。社会主义市场经济体制建立后，广东进一步参与全球产业分工，逐步形成了许多专业镇、专业市场。1993—1998年期间，广东产业集群得到快速发展。1998年以后，广东省产业集群不断地调整和发展。经过多年努力，广东省形成了许多专业化的城镇和市场，进而使产业集群经济得到了迅速发展。在产业结构上，产业集群由传统的劳动密集型产业向高技术产业、现代服务业转变，电子信息业、电气机械、石油化工等技术、资本密集型的产业成为重点发展对象，各种类型的产业园区成为产业集群发展的巨大推动力。2005年，中共中央和国务院开始将自主创新确立为国家发展战略的核心，自主创新成为"科教兴粤"战略在新时期的主旋律，广东也自此开始大力发展高新技术产业集群。在这一阶段，广东省传统的产业集群和新兴的高新技术产业集群共同呈现出欣欣向荣的发展态势。

进入新时代，随着2019年《粤港澳大湾区发展规划纲要》的发布和实施，广东省高新技术产业集群再次得到了良好的发展机遇。2020年，广东省人民政府发布《广东省人民政府关于培育发展战略性支柱产业集群和战略性新兴产业集群的意见》，瞄准国际先进水平落实"强核""立柱""强链""优化布局""品质""培土"六大工程，打好产业基础高级化和产业链现代化攻坚战，培育若干具有全球竞争力的产业集群，打造产业高质量发展典范，为战略性产业集群发展绘出"路线图"。2023年，广东省财政下达大型产业集聚区专项资金5.5亿元，大力支持制造强省建设，打造全省制造业高质量发展新增长极。经过多年的建设和发展，广东产业集聚水平实现明显提升。分别使用经济产值计算的区位熵（产业集聚水平1，图2-4左轴）和基于就业人数计算的区位熵（产业集聚水平2，图2-4右轴）度量区域产业集聚水平，图2-4的统计数据显示，2012年以来，广东产业集聚水平稳步提升。并且，不同指标下的统计结果均显示，广东

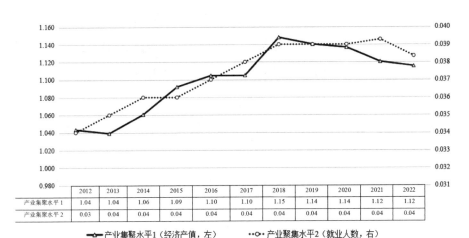

	2012	2013	2014	2015	2016	2017	2018	2019	2020	2021	2022
产业集聚水平1	1.04	1.04	1.06	1.09	1.10	1.10	1.15	1.14	1.14	1.12	1.12
产业集聚水平2	0.03	0.04	0.04	0.04	0.04	0.04	0.04	0.04	0.04	0.04	0.04

—■— 产业集聚水平1（经济产值，左）　⋯⋯○⋯⋯ 产业聚集水平2（就业人数，右）

图2-4 2012—2023年广东产业集聚水平

说明：数据可得性原因，没有2023年数据。

数据来源：根据《广东统计年鉴》等公开数据计算整理而成。

产业集聚水平始终处于全国前列，证明广东现代化产业体系建设工作卓有成效。

（二）以实体经济支撑现代化产业体系建设

现代化产业体系是现代化国家的物质技术基础，实体经济则是现代化产业体系的根基和命脉。2023年4月13日，习近平总书记在广东考察时强调："中国式现代化不能走脱实向虚的路子，必须加快建设以实体经济为支撑的现代化产业体系。广东要始终坚持以制造业立省，更加重视发展实体经济，加快产业转型升级，推进产业基础高级化、产业链现代化，发展战略性新兴产业，建设更具国际竞争力的现代化产业体系。"[1]广东省政府2024年工作报告中明确将"坚持实体经济为本、制造业当家，建设更具国际竞争力的现代化产业体系，加快形成新质生产力"[2]作为重点工作任务之一。

实体经济是广东经济的脊梁。广东省始终坚定不移推进制造强省建设，坚决贯彻落实习近平总书记关于制造强国战略的重要论述精神，完整、准确、全面贯彻新发展理念，以实体经济为本、坚持制造业当家，作出加快建设制造强省的决策部署，构建起以"制造业十九条"为核心的现代产业体系政策主框架，大力实施制造业"强核""立柱""强链""优化布局""品质""培土"六大工程，开展"大产业""大平台""大项目""大企业""大环境"五大提升行动，高起点培育十大战略性支柱产业集群和十大战略性新兴产业集群，着力振兴实体经济，初步形成了国内

① 《坚定不移全面深化改革扩大高水平对外开放　在推进中国式现代化建设中走在前列》，《人民日报》2023年4月14日。
② 《2024年1月23日广东省省长王伟中在广东省第十四届人民代表大会第二次会议上作政府工作报告》，广东省人民政府门户网站2024年1月27日。

领先、具备国际竞争力的现代产业体系。根据测算，广东省2019年产业链现代化水平为0.8598，排名全国第一，显示出广东现代化产业体系建设卓有成效。

中华人民共和国成立初期，广东工业经济基础薄弱，重工业占比较低，实体经济发展面临着严峻挑战。改革开放以来，广东加大对石化、钢铁、汽车等大型重工业项目的建设，重工业保持较快增长，比重不断提高。此后，广东凭借中央赋予的"特殊政策、灵活措施"，在全国率先实行改革开放，实体经济不断巩固发展壮大，发展成为全国工业大省。特别是珠三角地区，依靠其优越的地理位置和优惠政策，工业经济迅速崛起，成为世界制造业基地。此后，在现代信息产业迅猛发展的带动下，高端制造业与现代服务业互动趋向于耦合渗透，新产业、新业态在这一过程中不断出现。

过去的几十年里，广东制造业经历了从初创期到成熟期的转变。从最初的劳动密集型制造业，到如今的技术密集型、高附加值制造业，广东制造业的转型升级，为广东经济注入了强劲动力。特别是党的十八大以来，广东持续推动实体经济发展，不断推进制造业升级改造，实现"制造大省"向"制造强省"转变。随着经济发展进入新常态，广东工业经济从高速增长向高质量发展转变，持续推进制造强省战略，加快传统产业转型升级，优先发展新一代信息技术、高端装备制造业，大力发展高技术产业，加快发展民营经济，加快建设国内领先、具备国际竞争力的现代工业体系，制造业成为广东"四个走在全国前列"的重要支撑。2023年，广东全年全部工业增加值达4.87万亿元，占地区生产总值比重超1/3；规模以上工业增加值突破4万亿元大关，达到4.13万亿元；规模以上工业企业超过7.1万家，均位居全国各省份首位。

坚持制造业当家，现代化工业发展基石扎实稳固。广东拥有制造业的全部31个国民经济行业大类，其中15个规模为中国各省份第一；被纳入统计的近600类工业产品，广东自己生产的510余类。广东在终端消费品领域快速突破，电子、小家电、汽车及其零部件等众多产品蓬勃发展，主要工业品占据全国半壁江山。作为制造业大省，广东是中国与全球产业链供应链融合程度最深的省份之一，参与度高达30%。截至2023年底，广东有10家制造业世界500强企业、24家制造业中国500强企业、132家国家级制造业单项冠军企业，累计培育国家级专精特新"小巨人"企业1528家。2023年，广东全省高新技术企业超7.5万家，连续8年位列全国第一，科技型中小企业超7.6万家，高新技术企业已经成为支撑广东制造业当家的主力军。

大力建设以实体经济为支撑的现代化产业体系，工业经济结构质量居全国前列。党的十八大以来，广东抓住新一轮科技革命和产业变革机遇，先后出台一系列规划方案，积极推进工业从规模扩张型向质量提升型转变。规模以上先进制造业企业数量快速增长，2021年已经比2012年增加近两倍，达到39240家；高技术制造业、先进制造业增加值占规模以上工业增加值比重持续增加，2022年占比分别达到30%、55%左右。智能机器人、新能源汽车、集成电路（芯片）、超高清视频显示等战略性新兴产业成为引领工业增长的生力军，带动新动能投资较快增长。广东先后在 2015—2017年、2018—2020年开展两轮工业技术升级改造，推进工业企业扩产增效，深化智能化改造、绿色低碳发展，2013—2021年工业技改投资年均增长15.9%。智能化生产、工艺装备改进、节能减排、产品升级换代等重点领域工业技改投资成效显著。2023年，广东已发展形成8个万亿级别集群引领的战略性产业集群发展格局，20个战略性产业集群增加值占GDP比重达四成，7个先进制造业集群入选首批国家先进制造业集群名单。培育壮大软件、大数据、人工智能等产业，广州、深圳获评中国软件名城，广东成为拥有2个国家人工智能创新应用先导区的唯一省份。

2022年，新一代电子信息产业集群营业收入4.67万亿元，连续 32年位居全国第一，是广东第一大支柱产业集群，已形成"关键芯片—关键电子元器件—代工制造—终端品牌"全产业链条。汽车产销量连续6年位居全国第一，2022年汽车产业首次实现了超万亿元营业收入。新能源汽车产量持续领跑，连续7年位居全国第一，全国每4辆新能源汽车就有1辆是"广东造"。未来，广东将大力推进20个战略性产业集群建设，加快推动超高清视频显示、生物医药与健康、新能源等产业成为新的万亿元级产业集群。同时，建立制造业优质企业梯度培育体系，打造"链主"企业引领、单项冠军企业攻坚、"专精特新"企业筑基的世界一流企业群。

以制造业数字化转型为导向，广东持续加速数字经济和实体经济融合发展。广东拥有良好的数字经济发展基础，根据工业和信息化部电子第五研究所发布的《中国数字经济发展指数报告（2022）》，广东省数字经济发展指数从2013年的1897.15增长至2021年的15737.95，增长了7.30倍，各年指数均位居全国第一梯队。广东以制造业立省，制造业是推动数字经济与实体经济深度融合的主战场。广东近年来全面推进数字经济强省建设，先后发布实施《广东省数字经济促进条例》和《广东省数字经济发展指引1.0》等，促进数字经济与实体经济深度融合，激发经济发展新活力，取得了显著成效。广东省数字经济规模发展迅速，2022年实现6.4万亿元，占GDP的比重达到49.7%，总体规模连续六年居全国第一。先后启动建设广州、深圳、佛山、东莞4个制造业数字化转型示范城市，在全国首创"制造业数字化转型产业生态供给资源池"，实施产业集群数字化转型工程，开展"走进十行百县"活动，启动14个省级中小企业数字化转型示范城市建设等等。2021年，广东省人民政府印发《广东省制造业数字化转型实施方案（2021—2025年）》和《广东省制造业数字化转型若干政策措施》，提出行业龙头骨干企业"一企一策"、中小型制造企业"一行一策"、产业园和产业集聚区"一园一策"、产业链供应链"一链一策"四条制造业数字化转型的具体路径。如今,广东数实融合发展亮点纷呈,围绕产业形成的多主体、多层次、广覆盖的数字化转型生态,已经成为赋能产业、推动转型和高质量发展的重要驱动力。

(三)以科技创新引领现代化产业体系建设

习近平总书记指出:"科技创新是提高社会生产力和综合国力的战略支撑,必须把科技创新摆在国家发展全局的核心位置。"[1]2023年12月召开的中央经济工作会议系统部署2024年经济工作的重点任务,"推动高水平科技自立自强"首次出现在经济工作的总体要求中,"以科技创新引领现代化产业体系建设"排在首位。习近平总书记先后四次考察广东,多次强调科技创新的重要性。实现高水平科技自立自强,是中国式现代化建设的关键。[2]习近平总书记指出:"制造业的核心就是创新,就是掌握关键核心技术,必须靠自力更生奋斗,靠自主创新争取,希望所有企业都朝着这个方向去奋斗。"[3]以科技创新引领现代化产业体系建设,中华人民共和国成立以来,广东科技创新先后经历了五个阶段,持续推动广东产业结构的转型升级,助力广东现代化产业体系的建设发展:

第一阶段(1949—1978年):科技扬帆启航,百折不挠摸索前行。中华人民共和国成立初期,广东科技工作的主要任务是贯彻党对知识分子的"团结、教育、改造"政策,组织科技队伍,接收与改建科研机构,妥善

---

[1] 中共中央文献研究室:《习近平关于科技创新论述摘编》,中央文献出版社2016年版,第25—26页。

[2] 《坚定不移全面深化改革扩大高水平对外开放 在推进中国式现代化建设中走在前列》,《人民日报》2023年4月14日。

[3] 《习近平强调自主创新:要有骨气和志气,加快增强自主创新能力和实力》,新华网2018年10月23日。

安置科技人员的工作。1958年，随着国家科学规划委员会和国家技术委员会合并成立国家科学技术委员会，广东省科学工作委员会（不久即改名为广东省科学技术委员会）成立，其后，广东各地区（市）、县科委陆续成立。从中华人民共和国成立初期到1977年，广东克服重重困难，培养了一批科技人才。到1977年，广东拥有全民所有制单位自然科学技术人员约18万人，约为1949年的36倍。

第二阶段（1978—1985年）：党委重视科技工作，探索科技与经济相结合的运行新机制。1978年3月，全国科学大会召开，科技迎来了发展的春天。1980年4月1日，省委第一书记、省长习仲勋提出：一定要把科技工作列入党委的重要议事日程，党委的第一把手也要亲自抓科技工作。这一时期，广东科技工作最突出的特点有两个：一是启动科技体制改革，推动科研机构和科技人员进入经济建设主战场；二是大量引进国（境）外技术和设备，有效提高产业技术水平，但自主研发能力仍然薄弱。这期间，广东使用100亿美元以上的资金，引进约130万台（套）技术设备，并对引进的设备进行消化、吸收和创新研究，取得显著成果，大大地提高了广东的技术水平，促进广东一大批新兴产业的崛起，并开始探索科研与经济相结合的新运行机制，改善了广东科技体制与经济发展"两张皮"的问题。

第三阶段（1985—1999年）：以市场化改革为导向，破除科研计划体制坚冰。进入20世纪90年代，邓小平视察南方谈话为广东吹响大发展的号角。1986年7月，发布全国第一部关于技术市场管理的地方性法规《广东省技术市场管理规定》，明确提出"技术商品""技术市场"的概念，标志着广东技术市场走上了有序发展的轨道。1991年，发布《关于依靠科技进步推动经济发展的决定》，1995年颁布《关于加速科学技术进步若干问题的决定》，吹响了加速科技进步的号角。此后，高新技术产业和技术较密集的电子通讯设备制造、家用电器业迅速崛起，成为广东发展新的经济增长点，广东的电子信息、通讯设备等产业形成了一定的国际竞争力。1985年，广东在全国率先建立科技工业园区。1991年3月6日，国务院发文批准广东省的深圳科技工业园、中山火炬高技术产业开发区和广州天河高新技术产业开发区为第一批国家高新技术产业开发区，由此，广东建立起国家级和省级高新技术产业开发区，随后规划建设珠三角高新技术产业带。在此阶段，发展高科技、实现产业化，依靠科技推动广东产业结构的调整升级成为这一时期广东科技创新同经济发展结合的新关键点。

第四阶段（1999—2012年）：优化重组科技资源，促进科技与经济更加紧密结合。1999年《中共中央、国务院关于加强技术创新，发展高科技，实现产业化的决定》发布，广东继续以省属科研机构改革为重点，发布的《广东省深化科技体制改革实施方案》对省属科研机构进行重新分类定位，加快科技体制改革的步伐。2004年，提出建设科技强省的战略目标，建立适应社会主义市场经济体制的区域创新体系；2006年，在国内率先开展省部产学研结合试点工作，并逐渐形成了"三部两院一省"（科技部、教育部、工信部、中国科学院、中国工程院和广东省）产学研合作模式；2008年，提出建设创新型广东的目标，把自主创新作为广东经济社会发展的战略核心。2011年，出台全国第一部地方性自主创新法规，为广东的创新发展提供了法规保障。在此阶段，在省部院产学研合作、重大科技专项、战略性新兴产业核心技术攻关等一系列重大项目带动下，广东形成了以企业为主体、市场为导向、产学研结合的开放式区域创新体系，极大地激发了各方面投入的积极性。

第五阶段（2012年以来）：科研管理向创新服务转变，创新驱动进入新时代。党的十八大以来，以习近平同志为核心的党中央把科技体制改革作为全面深化改革的重要内容，2018年习近平总书记考察广东时强调："改革发展面临着新形势新任务新挑战，我们要抓住机遇、迎接挑战。越是环境复杂，我们越是要以更坚定的信心、更有力的措施把改革开放不断推向深入。"①在习近平新时代中国特色社会主义思想的指导下，广东科技创新工作展开新篇章。2013年启动实施"省级科技业务管理阳光再造行动"，持续推进省级科技管理改革。2014年6月，在全国率先全面深化科技体制改革。"十三五"期间，广东深入实施创新驱动发展战略，按照"1+1+9"工作部署，扎实推进粤港澳大湾区国际科技创新中心和创新型省份建设，科技创新综合实力取得重要的阶段性突破、科技支撑现代化经济体系建设能力显著增强、科技服务社会民生发展能力持续提升、区域创新体系日臻完善、科技创新的国际化程度日益彰显、科技体制改革持续深化，科技创新对经济社会发展的支撑和引领作用日益增强。

广东始终聚力推进高水平科技自立自强，深入实施创新驱动发展战略，把发展基点放在创新上，以科技创新大力推进现代化产业体系建设。党的十八大以来，广东全省R&D经费支出金额不断提高，占GDP的比重持续增加。2022年，广东全省研发经费支出达4400亿元人民币，占地区生产总值比重超3.4%（见图2-5）。创新创业在广东已经蔚然成风，2022年，研发人员超过134万人、高新技术企业数量6.9万家，高企数量、发明专利有效量和PCT国际专利申请量等主要科技指标均保持全国首位。截至2023年底，广东全省登记在册经营主体突破1800万户，其中企业突破780万户，个体工商户突破1000万户，全省市场主体数、企业数、外商投资企业数连续多年稳居全国第一。锚定基础与应用基础研究十年"卓粤"计划，2022年超过1/3的省级科技创新战略专项资金投向基础研究，加快大湾区量子科学中心、国家应用数学中心建设，鹏城实验室、广州实验室两大"国之重器"挂牌运作，基础研究重大项目和重点领域研发计划取得一批

---

① 《高举新时代改革开放旗帜　把改革开放不断推向深入》，《人民日报》2018年10月26日。

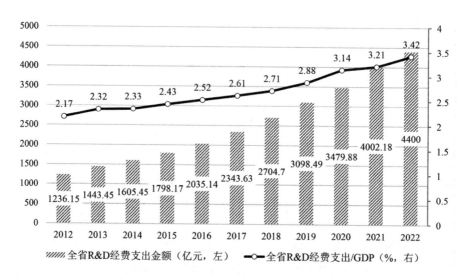

图2-5　2012—2022年广东R&D投入

数据来源：广东统计信息网、《广东统计年鉴》。

突破性成果，产业基础能力建设进一步加强。多年来，广东多点布局、全链发力，广东区域创新综合能力稳步提升，根据《中国区域创新能力评价报告》的数据，广东创新能力持续处于全国前列，2017—2023年连续七年位列全国第一，并且领先优势进一步扩大。《2023年全球创新指数报告》统计数据显示，"深圳—香港—广州科技集群"已连续四年位居全球创新指数第二位。

▼二、广东现代化产业体系建设的现实基础

广东产业发展成就令人瞩目，现代化产业体系建设的广东经验与路径已经形成。进入新阶段，广东在全面建设社会主义现代化国家新征程中以现代化体系建设推动高质量发展，需要进一步明确存在的关键问题，同时

也面临着一系列重要机遇和现实挑战。

（一）推进现代化产业体系建设存在的关键问题

一是加快制造业的扩量提质。广东拥有较为完整的产业体系，工业产业基础坚实，但还存在制造业需加快发展、部分产品核心技术和关键零部件对外依存度高等问题。广东省坚持制造业当家，2023年广东制造业增加值规模约占全国1/8。但2021—2023年，广东制造业增加值占GDP比重略有下降。与此同时，广东工业增加值不足30%，低于发达经济体35%以上的平均水平。此外，广东工业投资长期低于江苏、山东等省，累计总量不足江苏的一半；制造业实际使用外资额缩减了70%，降幅高于全国平均水平。这些不足意味着广东制造业还须加快扩量。一直以来，广东不断优化产业结构，但须加快提质，增强制造业核心竞争力。其中关键的问题就是制造业人才支撑不足，2022年广东技能劳动者占就业人员总量的比例为25%以上，仍低于全国平均水平（26%）。同时制造业企业的整体附加值有待提高，部分地市的高技术制造业增加值占比长期低于全国平均水平。广东产业发展主要集聚在新一代电子信息、先进材料和现代轻工纺织等下游环节，上游配套不够完善。根据测算，广东在产业链基础和产业链可持续性方面与上海、浙江、江苏等地还存在一定差距。

二是关键核心技术"卡脖子"，产业链供应链安全存隐患。基础研究是科技创新的源头，而原始创新能力不足一度是广东的短板。2024年广东省政府工作报告明确指出，新动能培育有待加强，关键核心技术"卡脖子"问题仍然突出。广东高新技术产品出口规模近年来位居全国前列，但主要贸易方式为加工贸易和一般贸易，产品附加值较低，高技术产业增加值率仅在25%左右，甚至低于传统产业总体增加值率；高新技术产品的贸易竞争力指数处于中等水平，且波动幅度较大，尤其是最近几年还略低于全国水平。所需的重要机电产品零部件通过国内生产的比例上升，对外依赖度逐步下降，但高端电子技术产品仍然需要大量进口。特别是在半导体和集成电路等相关产业中，产业链关键环节及高端产品对外依赖度较高，核心基础零部件（元器件）、先进基础工艺、关键基础材料、高端通用芯片、基础软件产品以及高端制造装备等面临的"缺芯少核"问题仍然严峻。

三是区域产业发展不平衡，区域协调的聚合力不足。广东经济总量位居全国第一，但区域间发展不均衡问题仍然存在，各地区之间产业黏合度有待提高。2018年习近平总书记在广东考察时就指出，城乡区域发展不平衡是广东高质量发展的最大短板。经过多年的发展，这种情况得到明显改善，但"城乡区域发展不协调不平衡局面尚未扭转"。广东地区间产业结构存在较大差异，广州、深圳、珠海的第三产业占比较高，佛山、东莞、中山、惠州以第二产业为主导，其他地区第一产业占比仍相对较高，产业结构的差异为各城市间产业优势互补提供了可行空间。特别是珠三角和非珠三角地区间的不平衡现象尤为突出，珠三角地区产业结构呈现工业化成熟的典型特点，工业增加值稳步增长，创新要素投入和科技成果产出持续增加；但非珠三角区域许多地区工业化发展不足，工业增加值甚至出现下降趋势，科技创新表现不佳。从广东省内产业发展来看，二十大战略性产业方面，广东省十大战略性支柱产业在省内各区域均匀分布，但十大战略性新兴产业集群、五大未来产业集群仍集中在珠三角地区；广东省内优势产业、外商投资企业更多集中于珠三角地区，非珠三角地区外商投资企业分布较少。因此，广东省亟须充分发挥各产业的发展优势，加强机制建设和服务调控，形成省内产业体系的合理分工，增强产业协调融通发展的聚合力。

（二）推进现代化产业体系建设面临的重要机遇

一是"一带一路"合作建设、《区域全面经济伙伴关系协定》（RCEP）等为广东三次产业对接全球体系提供新机遇。新发展阶段，我国始终强调坚持构建以国内大循环为主体、国内国际双循环相互促进的新发展格局，积极推进"一带一路"建设。与此同时，随着2022年1月1日RCEP的正式生效实施，广东的"双区驱动"与自贸区改革开放再上台阶，迎来新机遇。建设粤港澳大湾区与深圳先行示范区是习近平总书记寄予厚望的两大国家战略，随着"一带一路"建设的推进，粤港澳大湾区中欧班列开行量逐年攀升，深圳先行示范区对"一带一路"沿线国家的外贸也正稳步增长。RCEP打破了原有的关税和非关税壁垒，为成员国带来更具实力的贸易投资开放能力与更高效安全的制度性合作环境。2023年，广东省内海关签发RCEP出口原产地证书8.4万份，出口享惠货值204.3亿元，进口享惠货值139.1亿元，进出口享惠货值合计343.4亿元，均实现大幅增长。从农业、制造业到服务业，广东企业可以充分利用RCEP各项优惠政策，打通与RCEP成员国的贸易"黄金通道"，在RCEP国家延伸产业链，优化全球产业链布局，加快向价值链高端跃升。

二是粤港澳大湾区和广东自贸试验区建设为广东科技创新与实体经济深度融合发展提供新载体。粤港澳大湾区建设的重点内容之一就是粤港澳重大合作平台的建设。2023年广东省政府工作报告指出，"以粤港澳大湾区建设为牵引，扎实推进深圳先行示范和横琴、前海、南沙三大平台等重大战略"①是未来五年政府工作总体要求的重要内容。横琴、前海、南沙三大平台也是广东自贸试验区的三个片区所在地，是粤港澳大湾区发展

---

① 《广东携手港澳高水平推进新阶段大湾区建设》，《南方日报》2023年4月10日。

的试验田。三大平台的主导产业各有特色，协同融合，其中广州南沙片区重点发展高端制造业、特色金融商贸、国际航运物流和科技文化产业，深圳前海蛇口片区专注于科技信息、文化创新等新兴服务业，珠海横琴片区以休闲旅游、文化科教和高新技术创造等产业为主。三大平台是拓展港澳发展空间、支持港澳更好融入国家发展大局的重要载体，也是引领广东全面深化改革开放、纵深推进高质量发展的重要动力源。以建设粤港澳大湾区国际科技创新中心和大湾区综合性国家科学中心为牵引，加快广东与香港、澳门之间的制度机制"软联通"和基础设施"硬联通"，把港澳科技创新、现代金融、专业服务等优势与广东制造业、市场等优势相结合，聚焦人工智能、集成电路、生命科学等产业，开展从技术研发、企业孵化到产业培育的全链条合作，推动创新链与产业链深度融合，探索"港澳研发+广东转化""广东研发+港澳孵化""港澳产品+广东运用"等产业化模式，推动广东联手港澳打造具有全球竞争力的开放创新生态系统，做大做强新兴产业、未来产业。

三是"百县千镇万村高质量发展工程"为广东产业协同发展提供新抓手。县域作为连接城市和农村的纽带，在推进高质量发展进程中扮演重要角色，县域强的关键在于经济强、产业强。因此，县域经济发展是现代化产业体系建设的重要内容。2022年12月8日，中共广东省委十三届二次全会提出，要突出县域振兴，高水平谋划推进城乡区域协调发展，实施"百县千镇万村高质量发展工程"。2023年1月12日，广东省第十四届人民代表大会第一次会议明确提出，要以乡村振兴战略、区域协调发展战略、主体功能区战略、新型城镇化战略为牵引，实施"百县千镇万村高质量发展工程"，大力推进强县促镇带村，加快推进汕头、湛江省域副中心城市建设，推动珠三角产业向粤东粤西粤北地区有序转移，加快把短板变成"潜力板"。重点依托县级对口帮扶协作机制，实现与珠三角产业共建、产业共强，支持粤东粤西粤北地区45个县和珠三角山区县打造承接产业转移主平台，产业实力较强的县域做强主导产业、生态功能重要的县域推进生态产业化和产业生态化、农产品主产区的县域增强农业综合生产能力、综合实力较弱的县域加快补齐城镇建设短板，沿海的县做好海洋开发文章，布局海洋牧场和远洋捕捞产业，推进强县联镇带村，成长出更多全国百强县、千强镇。作为广东省2022—2027年的重要目标任务，"百县千镇万村高质量发展工程"有助于强化县域资源要素配置，推动县域承接产业有序转移，推动现代农业产业园等载体平台升级改造，释放农村产业提质增效的强劲动能，夯实区域现代化产业体系的底部基础，成为广东产业协同发展的新抓手。

（三）推进现代化产业体系建设面临的现实挑战

一是外部环境不确定性增加。当前世界正处于百年未有之大变局，逆全球化思潮抬头，单边主义、保护主义明显上升，世界经济复苏乏力，新一轮科技革命和产业变革深入发展，外部制裁和产业竞争风险加大，提升产业链供应链的安全性稳定性越发重要和紧迫。广东经济对外依存度高，2023年外贸进出口总额达8.3万亿元，世界经济发展状况将直接影响广东的发展。改革开放以来，广东一直是我国深度参与国际贸易和产业分工的重要省份，作为进出口贸易大省以及高科技产业的聚集区，世界局势的变动将对广东产业链和供应链产生深刻影响。

二是国内外产业竞争加剧，挤压广东产业外向型发展空间。逆全球化之下，面对全球制造业发展格局的深刻变化，"再工业化"成为全球的共识。欧美等发达经济体愈加重视产业链供应链安全，主动引导关键产业回流，减少对外依赖，屡屡通过各种手段企图削弱中国制造业竞争力；东南亚等发展中国家利用低成本优势，抢占服装及其配件、鞋类、家具和旅游消费品等的制造业份额。此外，国内其他省份奋力追赶也加大了广东产业发展的压力。近年来，江苏、浙江、山东等经济大省均高度重视发展壮大实体经济，增加工业投资特别是工业技改投资比重，推动数字经济与实体经济深度融合，引导支持企业开展高端化、智能化、绿色化改造，全力建设制造强省，助推经济高质量发展。这些省份在部分行业的关键零部件领域优势明显，对广东产业发展形成一定挑战。《广东省国民经济和社会发展第十四个五年规划和2035年远景目标纲要》指出，当前广东经济结构性体制性周期性问题依然存在，处于"两个前沿"所面临的外部风险挑战更为直接。国内外产业竞争加大了广东打造制造强省的压力，广东亟须加强关键核心技术攻关，进一步优化产业结构，重塑竞争优势。

三是区域发展不平衡问题加大广东产业发展压力。区域发展不平衡一直是制约广东高质量发展的短板，既包括城乡发展的不平衡，也包括区域发展的不平衡。从城乡差距来看，尽管近年来广东着力推进乡村振兴，但乡村与城镇的差距仍然明显。相较于2012年，广东在城乡居民收入比、农业劳动生产率、县域经济等方面取得了实质性进步，但是与浙江等地区相比城乡差距还比较大。从区域发展来看，通过优化区域发展定位、加强区域合作、增加政府支持等举措，区域差距有所缩小，但与高质量发展、均衡发展的要求仍有一定差距，特别是珠三角与非珠三角地区的差距仍然明显。在产业发展方面，地区间缺乏持续沟通合作机制、产业结构同质化导致相互竞争激烈、基础设施重复建设带来资源浪费、政策制度衔接不畅制约联动发展等问题凸显。

▼ 三、广东现代化产业体系建设的总体布局

2024年1月23日，广东省第十四届人民代表大会第二次会议明确提出，广东要"坚持实体经济为本、制造业当家，建设更具国际竞争力的现代化产业体系，加快形成新质生产力"①。当前，广东加快现代化产业体系建设布局，推动从"制造业大省"到"制造业强省"转变，紧抓全球产业结构和布局调整过程中形成的新机遇，推动制造业与现代信息技术深度融合，打造具有国际竞争力的新兴产业集群。

（一）现代化产业布局体系

广东是中国第一经济大省，"十三五"期间全省现代化产业体系建设持续推进，新旧动能接续转换、持续发力，初步形成"一核一带一区"产业协同发展格局。进入"十四五"时期，《广东省国民经济和社会发展第十四个五年规划和2035年远景目标纲要》提出，要推动产业高端化发展，加快建设现代产业体系，巩固提升战略性支柱产业，前瞻布局战略性新兴产业，统筹谋划重点产业及产业集群布局，推动传统产业高端化智能化发展，培育具有国际竞争力的企业群。为此，《广东省制造业高质量发展"十四五"规划》提出了高起点谋划发展战略性支柱产业、战略性新兴产业以及未来产业的产业布局。

战略性支柱产业主要是指产业关联度高、链条长、影响面广，具有相当规模且继续保持增长的产业，是广东省经济的重要基础和支撑，对广

---

① 《广东省第十四届人民代表大会第二次会议关于广东省人民政府工作报告的决议》（2024年1月25日广东省第十四届人民代表大会第二次会议通过），广东省人民政府 2024年1月26日。

东制造业发展具有稳定器作用，包括新一代电子信息、绿色石化、智能家电、汽车、先进材料、现代轻工纺织、软件与信息服务、超高清视频显示、生物医药与健康、现代农业与食品十大产业。战略性新兴产业主要是以重大技术突破和重大发展需求为基础，对经济社会全局和长远发展具有重大引领带动作用，成长潜力巨大的产业，是科技创新和产业发展的深度融合，具有前瞻性强、战略意义突出、附加值高、技术先进、增长潜力大、产业带动强等特征，包括半导体与集成电路、高端装备制造、智能机器人、区块链与量子信息、前沿新材料、新能源、激光与增材制造、数字创意、安全应急与环保、精密仪器设备十大产业。未来产业是基于前沿、重大科技创新而形成的，尚处于孕育阶段或成长初期，代表科技和产业长期发展方向，并将会对未来经济社会发展产生重要支撑和巨大带动作用的先导性产业，具有原创前沿引领性、突破性、颠覆性、未来高成长性、战略支撑性、生态网络属性强等主要特征。广东聚焦世界新产业、新技术发展前沿领域，立足全省技术和产业发展基础优势，积极谋划培育卫星互联网、光通信与太赫兹、干细胞、超材料、天然气水合物、可控核聚变—人造太阳等若干未来产业领域。

（二）现代化产业空间布局

在产业空间布局上，广东省实施优化布局工程，完善制造业高质量发展区域布局，打造珠三角高端制造业核心区、东西两翼沿海制造业拓展带、北部绿色制造发展区，以产业园高质量发展为抓手，构建全省"一核一带一区"产业发展格局。"一核"即珠三角地区（包括广州、深圳、珠海、佛山、惠州、东莞、中山、江门、肇庆9市），是引领全省发展的核心区和主引擎，产业发展定位是要将珠三角高端制造业核心区打造成为世界领先的先进制造业发展基地。"一带"即沿海经济带（其中包括东翼汕头、汕尾、揭阳、潮州4市和西翼湛江、茂名、阳江3市），是新时代全省发展的主战场，产业发展定位是要把东西两翼沿海制造业拓展带建设成为全省制造业高质量发展新增长极。"一区"即北部生态发展区（包括韶关、梅州、清远、河源、云浮5市），是全省重要的生态屏障，产业发展定位是要以生态优先为导向推动北部生态发展区绿色转型升级。

《广东省制造业高质量发展"十四五"规划》明确了十大战略性支柱产业、十大战略性新兴产业和六大未来产业的空间布局，结合"一核一带一区"产业发展格局，表2-1汇总了广东省十大战略性支柱产业和十大战略性新兴产业在各地市的空间布局。珠三角地区战略性支柱产业布局较为全面，其中广州、深圳、佛山、惠州、中山和江门六市均布局十个战略性支柱产业；沿海经济带主要布局生物医药与健康、现代农业与食品、现代轻工纺织、绿色石化和先进材料等战略性支柱产业；北部生态发展区以生物医药与健康、现代农业与食品、先进材料和汽车等产业为重点布局。生物医药与健康和现代农业与食品两大战略性支柱产业在全省21地市均有布局，先进材料和软件与信息服务布局也较为广泛，而智能家电和汽车产业布局较为集中，主要是在珠三角地区的城市集中发展。广州和深圳是全部十大战略性新兴产业的核心城市，此外，珠海、佛山、东莞和江门也布局了全部十大战略性新兴产业。沿海经济带主要围绕高端装备制造、前沿新材料和新能源等战略性新兴产业进行集群发展，例如汕头市是高端装备制造产业集群的核心城市之一，湛江和阳江是新能源产业集群的核心城市。北部生态发展区则主要围绕前沿新材料、安全应急与环保和精密仪器设备等战略性新兴产业进行集群发展，韶关、清远和河源被列为多个产业集群的重点城市。

广东省第十四届人民代表大会第二次会议提出，高水平推进广州都市圈、深圳都市圈、珠江口西岸都市圈、汕潮揭都市圈、湛茂都市圈五大

表2-1 广东十大战略性支柱产业和十大战略性新兴产业空间布局

产业集群	具有布局该集群的地市数量（个）	珠三角地区								
		广州	深圳	珠海	佛山	东莞	惠州	中山	江门	肇庆
新一代电子信息	15	★★★	★★★	★★★	★★	★★★	★★★	★	★★	★
绿色石化	15	★★★	★★	★★	★★	★★	★★★	★	★	★
智能家电	9	★★	★★	★★★	★★★		★★	★★	★★★	
汽车	17	★★★	★★★	★★	★★★	★★	★★	★	★★	★★
先进材料	19	★★★	★★	★★	★★★	★★	★★	★	★	★★
现代轻工纺织	19	★★	★	★	★★★	★★★	★	★★★	★★★	★
软件与信息服务	10	★★★	★★★	★★★	★★	★★★	★★	★★	★★	
超高清视频显示	7	★★★	★★★		★★	★★	★★★	★★	★★	
生物医药与健康	21	★★★	★★★	★★★	★★	★★	★★	★★★	★★★	★★
现代农业与食品	21	★★★	★★	★★	★★★	★★	★★★	★★★	★★★	★★★
各地市布局的支柱产业集群数量（个）		10	10	9	10	9	10	10	10	7
半导体与集成电路	11	★★★	★★★	★★★	★★	★★	★	★	★★	★
高端装备制造	15	★★★	★★★	★★★	★★	★★	★	★★	★★★	★

产业集群	沿海经济带东翼				沿海经济带西翼			北部生态发展区				
	汕头	汕尾	揭阳	潮州	湛江	茂名	阳江	韶关	梅州	河源	清远	云浮
新一代电子信息	★★	★		★					★	★★		★
绿色石化	★★	★	★★		★★★	★★★					★	
智能家电	★				★★							
汽车		★			★★	★		★	★	★	★	★★
先进材料	★★	★			★★★	★★	★★	★★	★★	★★	★★	★★
现代轻工纺织	★★★	★	★★	★★	★★★	★	★★		★	★		★
软件与信息服务	★★				★							
超高清视频显示												
生物医药与健康	★★★	★	★★	★	★★	★★	★★	★	★	★	★	★★
现代农业与食品	★★★	★★	★★	★★	★★★	★★★	★★★	★★★	★★★	★★★	★★★	★★
各地市布局的支柱产业集群数量（个）	8	7	4	4	8	6	4	4	6	6	5	6
半导体与集成电路		★								★		
高端装备制造	★★★	★	★		★		★★	★★				

（续表）

产业集群	具有布局该集群的地市数量（个）	珠三角地区								
		广州	深圳	珠海	佛山	东莞	惠州	中山	江门	肇庆
智能机器人	13	★★★	★★★	★★	★★★	★★	★	★★	★★★	★
区块链与量子信息	8	★★★	★★★	★★	★★	★★		★	★	★
前沿新材料	16	★★★	★★★	★★★	★★★	★★★	★★		★★	★★
新能源	14	★★★	★★★	★★	★★★	★★★	★★	★★	★★	
激光与增材制造	13	★★★	★★★	★★	★★	★★	★	★★	★★★	
数字创意	8	★★★	★★★	★★	★★	★★		★	★	
安全应急与环保	18	★★★	★★★	★★	★★★	★★	★	★	★★★	★
精密仪器设备	18	★★★	★★★	★★★	★★★	★★	★★	★★	★★	★★
各地市布局的新兴产业集群数量（个）		10	10	10	10	10	8	9	10	7

产业集群	沿海经济带东翼				沿海经济带西翼			北部生态发展区				
	汕头	汕尾	揭阳	潮州	湛江	茂名	阳江	韶关	梅州	河源	清远	云浮
智能机器人	★		★	★	★							
区块链与量子信息												
前沿新材料	★★			★	★★		★★	★★	★	★	★★	
新能源	★★	★	★		★★★		★★★					★
激光与增材制造	★		★	★			★			★		
数字创意	★★											
安全应急与环保	★★	★		★	★	★		★★	★	★	★★	
精密仪器设备	★★			★	★	★		★★	★	★★	★	★
各地市布局的新兴产业集群数量（个）	8	4	4	5	6	2	4	4	3	5	3	2

说明：产业集群区域布局的重要程度用★的数量表示，其中★★★标注核心城市，★★标注重点城市，★标注一般城市；未标星的地市可以结合自身实际谋划发展。

资料来源：《广东省制造业高质量发展"十四五"规划》。

都市圈建设，形成区域互补、协调发展新优势。其中，广州都市圈包括广州市、佛山市全域，肇庆市端州区、鼎湖区、高要区、四会市，清远市清城区、清新区、佛冈县等都市区部分，深圳都市圈包括深圳、东莞、惠州全域和深汕特别合作区等都市区部分，珠江口西岸都市圈包括珠海、中山、江门、阳江四市，汕潮揭都市圈包括汕头、潮州、揭阳三市全域和梅州都市区，湛茂都市圈包括湛江、茂名两市全域。2023年12月20日，广东省人民政府发布《〈广州都市圈发展规划〉〈深圳都市圈发展规划〉〈珠江口西岸都市圈发展规划〉〈汕潮揭都市圈发展规划〉〈湛茂都市圈发展规划〉》，五大都市圈均重点部署了现代化产业体系建设，如"联合打造世界级先进制造业高地""培育若干个具有全球影响力和竞争力的产业集群""构建'两廊三带多集群'的产业发展格局"等。表2-2整理列出了五大都市圈现代化产业体系的建设重点。

广州都市圈完善了8个试点设施，设立了4类战略创新平台，明确了重点发展战略性支柱产业集群、战略性新兴产业集群2大类，共14小类战略性产业集群。珠江口西岸都市圈明确了4类新型先进装备制造产业集群、4类战略性新兴产业集群和3类重点科技创新平台。汕潮揭都市圈明确了11类产业创新发展平台，明确了4大类、16小类重点战略性新兴产业发展平台，指出了3类临港经济发展平台建设重点以及6类科技创新服务平台建设重点。湛茂都市圈提出"双核一带五集群"的产业发展格局，"五集群"囊括了世界级绿色石化产业集群、先进材料产业集群、现代轻工纺织产业集群、高端装备制造产业集群、绿色建筑业产业集群，明确了4类产业的重点平台和项目。

表2-2 广东五大都市圈产业布局

都市圈	都市圈范围	现代化产业体系建设	制造业重点发展产业集群
广州都市圈	广州市、佛山市全域、肇庆市端州区、鼎湖区、四会市、高要区、清远市清城区、清新区、佛冈县	协作构建现代化产业体系:联合打造世界级先进制造业高地,培育具有全球竞争力的战略性产业集群,共建更具影响力的现代服务经济中心	战略性支柱产业集群:新一代电子信息产业集群、智能家电产业集群、汽车产业集群、先进材料产业集群、软件与信息服务产业集群、现代轻工纺织产业集群；战略性新兴产业集群:半导体与集成电路产业集群、高端装备制造产业集群、新能源产业集群、数字创意产业集群、安全应急与环保产业集群、机器人产业集群
深圳都市圈	深圳、东莞、惠州全域和深汕特别合作区	携手打造科技创新产业体系:以深圳为主阵地建设国家科学中心,湾区综合性国家科学中心,联合打造具有全球影响力竞争力的产业集群,建设跨区域产业组团	先进制造业集群:集成电路产业集聚、智能制造装备产业基地、新型显示技术创新策源地和产业集聚区引领区；数字经济产业集群:5G应用、新一代人工智能创新发展和应用、区块链应用、工业互联网应用、特色软件产业；新兴产业集群:生物医药产业集群、新能源产业集群、前沿新材料产业集群
珠江口西岸都市圈	珠海、中山、江门、阳江四市所辖行政区域	协同构建现代产业体系:构建"两廊三带多集群"的产业发展格局,集聚发展新型先进装备制造产业,加快发展战略性新兴产业,优化发展高端化、专业化现代服务业,推动传统优势产业转型升级,共同提升科技创新水平	多样化特色产业集群:高端服务类产业集群、高新技术类产业集群、现代农业类产业集群、海岛海洋旅游类产业集群；新型先进装备制造产业集群:船舶和海洋工程装备制造产业集群、运输装备制造产业集群、智能机器人产业集群；战略性新兴产业集群:新一代信息技术产业集群、智能家居产业集群、新材料产业集群、生物医药与健康产业集群

（续表）

都市圈	都市圈范围	现代化产业体系建设	制造业重点发展产业集群
汕潮揭都市圈	汕头、潮州、揭阳三市全域，梅州都市区为联动发展区	构建协作互补的现代产业体系：优化产业发展格局，积极培育以华侨商贸金融为主的现代服务业，加快以数字经济为引领的战略性新兴产业集聚，推动临港经济分工协作、推动传统优势产业错位发展，全面提升产业科技创新能力	汕头高端生产性服务业集聚区、大健康产业发展基地，新能源锂电池产业园、轨道交通装备产业园；潮揭空铁枢纽新城高端装备制造业集聚区、中德新材料产业集聚区、航空装备产业培育平台；揭阳生物医药产业集聚区、大健康产业，数据产业集聚区，揭阳高端智能制造产业培育平台：揭阳高新技术产业开发区、揭阳高新技术产业开发区、揭东经济开发区，普宁产业转移工业园、中德金属生态城、榕城工业园、机器人产业集聚区；潮州新兴产业培育平台：东山湖现代产业园、潮州新兴产业培育平台
湛茂都市圈	湛江、茂名两市全域	构建协作共赢的现代产业体系：优化产业发展格局，升级发展战略性支柱产业，积极培育战略性新兴产业，高质量发展特色农业，加快完善现代服务业，增强科技创新能力	战略性支柱产业发展重点平台和重点项目：绿色石化产业、钢铁制造业、轻工纺织业；战略性新兴产业发展重点平台和重点项目：高端装备制造业、氢能源产业及新能源汽车产业、生物医药与健康产业、数字创意产业

资料来源：《广州都市圈发展规划》《深圳都市圈发展规划》《珠江口西岸都市圈发展规划》《汕潮揭都市圈发展规划》《湛茂都市圈发展规划》。

（三）现代化产业体系培育

2023年4月，习近平总书记在广东考察时要求广东始终坚持以制造业立省，加快产业转型升级，推进产业基础高级化、产业链现代化，发展战略性新兴产业，建设更具国际竞争力的现代化产业体系。为培育壮大现代化产业体系，广东深入实施大产业、大平台、大项目、大企业、大环境"五大提升行动"，坚持传统产业、新兴产业、未来产业并举，智能化、绿色化、融合化并进，抓项目、建平台、优环境并推，挺起广东现代化建设的产业"脊梁"。

传统产业、新兴产业、未来产业并举。制定新时期加快推进新型工业化的实施意见，引导资源要素向先进制造业集聚，争创国家新型工业化示范区。支持食品饮料、纺织服装、家电家居等传统产业提质增效，实现增品种、提品质、创品牌。发展集成电路、新型储能、前沿新材料、超高清视频显示、生物制造、商业航天等新兴产业，推进粤芯三期、华润微、广州增芯、方正微等芯片项目建设，推动肇庆宁德时代一期、江门中创新航一期等项目稳产达产。发展低空经济，创新城市空运、应急救援、物流运输等应用场景，加快建设低空无人感知产业体系，推进低空飞行服务保障体系建设，支持深圳、广州、珠海建设通用航空产业综合示范区，办好第十五届中国国际航空航天博览会，打造大湾区低空经济产业高地。实施五大未来产业集群行动计划，重点发展未来电子信息、未来智能装备、未来生命健康、未来材料、未来绿色低碳等五大未来产业集群，创建国家未来产业先导区。人工智能是引领新一轮科技革命和产业变革的战略技术，要抢抓风口机遇，发挥广东省算力设施、产业规模、数据要素、应用场景等优势，统筹做好技术研发、产业培育、安全性评价、行业治理等工作，集中力量突破底层技术，鼓励大模型行业创新应用，打造通用人工智能产业创新引领地，开辟新赛道、抢占制高点，努力赢得未来！

推进产业基础高级化、产业链现代化。深入实施重大技术装备攻关工程，大力发展工业母机、精密仪器、检验检测等高端装备制造业。实施汽车零部件产业强链工程，发挥整车制造企业引领带动作用，拓展新能源汽车产业链，推动智能网联汽车测试应用，推进燃料电池汽车示范应用城市群建设。深入实施工业投资跃升计划，做好制造业重大项目跟踪服务，推动广州华星T9工厂、东莞OPPO智能制造中心等项目建成投产。开展工业技改"百企千项"示范行动，推动超9000家工业企业开展技术改造。完善优质企业梯度培育体系，深入实施"链长制"，遴选一批"链主"企业和专精特新企业，新培育超250家省级制造业单项冠军企业，新推动5500家以上企业"小升规"，让广东大企业"顶天立地"、中小企业"铺天盖地"。

促进制造业智能化、绿色化、融合化发展。抓好中小企业数字化转型城市试点工作，新推动9200家规模以上工业企业数字化转型，聚力打造制造业数字化"链式转型"省域样本。大力发展数字经济，创新发展大数据、云计算等数字产业，抓好IPv6规模部署，推进粤港澳大湾区国家枢纽节点韶关数据中心集群建设。推动钢铁、石化、有色、建材、造纸等行业绿色化改造，创建绿色工厂、绿色园区、绿色供应链管理企业。支持韶关建设国家老工业城市和资源型城市产业转型升级示范区。实施工业设计赋能行动，创办国际设计大赛。推动现代服务业同先进制造业深度融合，出台促进生产性服务业发展的政策文件，积极发展服务型制造、定制生产、柔性供应等新模式，不断提高广东制造的"含智量""含绿量""含金量"。

加强质量支撑和标准引领。创建质量强国标杆城市和全国质量品牌提升示范区。构建高水平质量基础设施体系，推进国家和省级质量标准实验室、质检中心建设。实施战略性产业专利标准领航工程，开展国家标准化创新发展试点，制定发布新一批制造业标准体系规划与路线图，加强国际标准化产业联盟和国际标准化组织培育。深化实施企业首席质量官制度，强化重点工业产品的全面质量管理，提高产品、工程和服务质量，加快实现"人有我优""人优我强"，让"广东制造"成为高质量的代名词。

第三章

坚持实体经济为本，高质量建设制造强省

CHAPTER 3

广东大力推进制造强省建设，既是对"坚定不移全面深化改革，扩大高水平对外开放"战略部署的进一步贯彻，也是广东在推进中国式现代化建设的路径探索中能够走在前列的重要基石，更是推动广东高质量发展在经济领域的重大战略布局。党的二十大以来，广东坚持以习近平新时代中国特色社会主义思想为指导，完整、准确、全面贯彻新发展理念，深入贯彻习近平总书记关于推动制造业高质量发展的重要论述精神，树立"制造业当家"导向，坚持实体经济为本，全面推进制造强省建设，深入推进新型工业化，持续巩固和强化制造业在全省经济社会发展中的"顶梁柱"作用，加快塑造广东在新发展格局中的战略优势，奋力书写中国式现代化的广东篇章。在新时代伟大征程中，广东的制造强省建设聚焦体系塑造，旨在通过加快培育新质生产力，建设更具国际竞争力的现代化产业体系，不断壮大实体经济，筑牢我国在国际经济竞争中赢得主动的根基，为满足人民日益增长的美好生活需要提供坚实的物质保障，不断筑就制造业高质量发展的广东高地。

一、全面塑造广东制造新格局

党的十八大以来，面对复杂多变的国内外经济形势，广东主动适应经济发展新形态，积极推进制造强省建设，取得了优异经济发展成绩。当下，世界百年未有之大变局加速演进，新一轮科技革命和产业变革深入发展，国际体系和国际秩序深度调整，世界进入新的动荡变革期，在全球经济增长动力不足背景下，广东制造业正处于全球制造业第三阵列向第二阵列跃升阶段，其高端产业和传统产业面临发达国家和发展中经济体双重挤压的问题。为此，广东加快推进高质量制造强省建设，先后制定了《广东省先进制造业发展"十三五"规划》（2017年2月16日）、《广东省制造业高质量发展"十四五"规划》（2021年8月9日）、《中共广东省委 广东省人民政府关于新时代广东高质量发展的若干意见》（2023年3月4日）、《中共广东省委 广东省人民政府关于高质量建设制造强省的意见》（2023年6月1日，简称"制造业当家22条"）等一系列重要政策文件，作出"锚定一个目标，激活三大动力，奋力实现十大新突破"的省委"1310"部署（2023年6月20日），并在全国先行立法，出台了《广东省制造业高质量发展促进条例》（2024年1月19日），为广东上下坚持以高质量发展为牵引，奋力在推进中国式现代化建设中走在前列提供了行动方略。

据统计，2023年，广东制造业增加值占地区生产总值比重达32.7%；规模以上工业企业超7.1万家、高新技术企业超7.5万家，均居全国首位；规模以上工业增加值突破4万亿元，增长4.4%，工业投资连续36个月保持两位数增长；全国每4辆新能源汽车就有1辆是"广东造"；累计培育国家级制造业单项冠军企业132家、专精特新"小巨人"企业1528家，19家企业进入世界500强，A股上市公司总量、新增境内外上市公司数量均居全国第一，目前已形成4万亿深圳、3万亿佛山、2万亿东莞和广州、1万亿惠州的发展格局，充分彰显广东"制造业当家"优势。

为加快推进制造强省建设，在2023年6月1日通过的"制造业当家22条"中，广东明确下一阶段高质量建设制造强省的目标任务为："到2027年，制造业增加值占地区生产总值比重达到35%以上，制造业及生产性服务业增加值占比达到65%，高技术制造业增加值占规模以上工业增加值比重达到33%，规模以上制造业全员劳动生产率达到37万元/人，工业投资年均同比新增超过1000亿元，培育形成10个以上产值超万亿元的战略性产业集群，超过10家制造业企业进入世界500强，制造业创新能力显著增强、规模和效益同步提升，制造业质量竞争力指数和产品质量合格率进入全国前列，一批具有较强国际竞争力的龙头企业和产业集群初步形成，在全球产业分工和价值链中的地位明显提升。到2035年，制造业及生产性服务业增加值占地区生产总值比重稳定在70%左右，产业结构进一步优化，质量效益大幅提升，现代化产业体系基本建立，若干领域在全球产业分工和价值链中处于引领地位，制造业综合实力达到先进水平，成为制造业核心区和主阵地，制造强省全面建成。"该意见在《广东省制造业高质量发展"十四五"规划》的基础上，围绕总体要求和目标任务，着力实施大产业、大平台、大项目、大企业、大环境的"五大提升行动"，不断开创广东制造新局面。

（一）不断巩固提升战略性支柱产业

广东共拥有31个国民经济行业大类，涵盖了中国制造业的全部门类，其中15个规模居全国第一，是推动中国制造业高质量发展、提升制造业核心竞争力、占领产业发展制高点的中坚力量。其中，战略性支柱产业是广东经济的重要基础和支撑，对广东制造业发展具有稳定器作用。因此，如何在高起点做强做优战略性支柱产业，是当前推进广东制造业高质量发展进程中亟待解决的关键问题。

为做强做优战略性支柱产业，广东围绕更好发挥政府作用，强化顶层设计，因应制造业发展的变化与需要，加大扶持力度，不断完善政策体系与运行机制。2020年5月20日，广东省政府发布《广东省人民政府关于培育发展战略性支柱产业集群和战略性新兴产业集群的意见》，提出打造十大战略性支柱产业集群，包括新一代电子信息、绿色石化、智能家电、汽车、先进材料、现代轻工纺织、软件与信息服务、超高清视频显示、生物医药与健康、现代农业与食品，并相继印发了发展这一批战略性支柱产业集群的行动计划。

广东主动谋划制造业的集群式发展，关键在构建核心技术自主可控的全产业链生态。2021年4月2日，广东建立以省长、广东省制造强省建设领导小组组长为"总链长"的省领导定向联系战略性产业集群的"链长制"，以充分发挥"链长"在顶层设计和资源统筹方面的优势，并随即印发《广东省战略性产业集群联动协调推进机制》，详细阐明其推进方式。同年，《广东省制造业高质量发展"十四五"规划》提出继续以做强做优战略性支柱产业为重点发展方向之一，并深入而全面地谋划了各个产业重点细分领域不同层次的发展空间布局。该规划首次对全省21个城市培育发展战略性支柱产业集群的区域布局重要程度进行星级标准评定，其中，三星标注"核心城市"，二星标注"重点城市"，一星标注"一般城市"，因地制宜推进地区之间产业错位发展，为区域优势资源要素集聚和产业重点发展方向谋划提供科学引导和政府决策支持。2022年6月28日，省科技厅联合省工业和信息化厅印发了《关于加快构建广东省战略性产业集群创新体系支撑产业集群高质量发展的通知》，从强化产业关键核心技术攻关、推进产业集群创新平台建设、强化企业技术创新主体地位、加快科技成果转化应用、推动科技金融深度融合、汇聚高水平产业创新人才、发挥知识产权与标准引领作用等七个方面做出部署。

经过不懈努力，广东制造业规模增长潜力充分发挥，现已形成8个超万亿元级、3个5000亿元级至万亿元级、7个1000亿元级至5000亿元级、2个百亿元级的"8372"战略性产业集群发展格局（注：其中也包含了战略性新兴产业）。在此基础上，广东于2023年出台的"制造业当家22条"提出继续巩固提升十大战略性支柱产业，并具体而明确地指出下一步的建设任务："在超高清视频显示、新能源、生物医药与健康、数字创意等领域，培育新增3—4个万亿元级战略性产业集群"，继续夯实巩固广东制造业的"四梁八柱"。

（二）推进现代农业和制造业融合发展

广东在推进制造强省建设的过程中，构建起先进制造业和高科技发展的突出优势，为推进现代农业和制造业融合发展提供坚实基础。其中，现代农业与食品产业作为广东的十大战略性支柱产业之一，也是广东推动实施乡村振兴战略的重要抓手之一，其发展壮大是一二三产业实现有效融合的具体表现，对富民兴村具有突出效益。

党的十八大以来，面对耕地资源紧张、农药与化肥的滥用以及环境污染带来的农产品质量安全问题、农村劳动力外流严重等现实状况，广东深入推进农业供给侧结构性改革，取得良好成效：截至2019年底，农林牧渔业总产值、增加值分别达7175.9亿元、4477.17亿元，均居全国第5位；水果、蔬菜、肉类、水产品等多种农产品产量及苗木花卉产值位居全国前列；饲料产量居全国第2位；食品工业总产值6593.6亿元，居全国第4位。上述突出成果为广东进一步推进现代农业与食品这一战略性支柱产业的集群发展提供坚实基础。2020年，为贯彻落实广东省委、省政府关于培育发展战略性支柱产业集群和战略性新兴产业集群的工作部署，省农业农村厅牵头会同省工业和信息化厅编制《广东省发展现代农业与食品战略性支柱产业集群行动计划（2021—2025年）》，谋划选定粮食、蔬菜、岭南水果、畜禽、水产、精制食用植物油、岭南特色食品及功能性食品、调味品、饮料、饲料、茶叶、南药、苗木花卉、现代种业及烟草等15个关系国家粮食安全且具有地域优势的产业进行重点培育，并对各级相关政府部门应当负责开展的各项重点任务加以明确，通过扩大产业规模、优化产业结构、深化开放合作、全面推进绿色发展、建设农业科技创新平台与农业产业园区、加强品牌建设和营销推广等实施路径，发挥珠三角城市群和粤港澳大湾区对全省农业工业化的引领辐射作用，致力于将现代农业与食品产业集群打造成具有国际竞争力的世界先进产业集群。需要指出的是，农业生产有其别于工业生产的特殊性，包括季节性、自然资源制约性以及突出的劳动密集型，这对发展现代农业与食品产业产生一定的制约性，但又深切地表明了推动传统农业向现代农业转化、推进农业与二三产业融合，根本是为了农民，并且要落实到特定区域空间中去。因此，在推动发展现代农业与食品产业集群过程中，广东着重引导各地发挥区域优势和特色产业优势，广东省委领导明确指出："在做好'土特产'文章中，构建起体现广东'三农'特色、展现广东比较优势的现代乡村产业体系。"

近年来，广东在突出"制造业当家"和实施"百县千镇万村高质量发展工程"的背景下，着力抓好县域经济，依靠自身积累的现代农业与制造业基础，大力培育特色农业优势产业，持续推动县域省级以上农业产业园区提质增效，卓有成效地推动了农业特产产业化，有助于增强种植信心，加快推进特产产业规模化、高标准化。同时，广东在不断探索的过程中也推进了农业产业特色化，以文化赋能现代农业与食品工业，激发多元农业经营主体的品牌建设潜力，开拓出发展现代农业与食品产业的新动能。2023年3月1日，由广东省工业和信息化厅会同省商务厅、省市场监管局制定了《2023年开展"粤食越好 粤品世界"推动食品工业提质升级专项行动方案》，该方案从"规划、投资、集群、企业、宣传、服务"六方面围绕食品工业全产业链推进上下游协同发力，从农产品原料保障，到产业集群建设、技术装备提升、新业态模式拓展以及品牌培育均进行了部署，而在当前广东所着力实施的制造业当家"大产业"立柱架梁行动中也明确强调要大力发展食品工业，推动农业生产和制造业融合发展迈向高质量水平。

（三）加快推进制造业与生产性服务业融合

生产性服务业是指为保持工业生产过程的连续性，促进工业技术进步、推动产业升级和提高生产效率提供保障服务的服务行业。在当前日益精细化的现代产业分工体系下，生产性服务业具有专业性强、创新活跃、产业融合度高、带动作用明显的优势，是推动产业结构调整和引领产业向价值链高端延伸的主力军。加快推动现代生产性服务业与制造业的融合共生、双向赋能是广东推动建设现代化产业体系的重要主线之一。

2015年9月29日，《广东省人民政府办公厅关于加快发展生产性服务业的若干意见》正式出台。截至2015年底，广东生产性服务业企业达45.5万家，比2010年增加20.8万家，占同期新登记市场各类主体的近七成，生产性服务业骨干企业占服务业骨干企业的八成，其中60多家进入全国服务业企业500强。

近年来，广东制造业加快转型升级，为生产性服务业发展提供更广阔的市场和发展空间，在金融、物流、信息等服务领域涌现出一批品牌企业。同时，广东制造业的高质量发展也离不开生产性服务业的支撑作用，加快推进制造业与生产性服务业融合，有助于进一步激活广东制造业发展活力，推动广东经济提质增效升级。为此，在"制造业当家22条"中，广东明确将"制造业及生产性服务业增加值占地区生产总值比例"列为核心目标，且提出到2027年该比例须达到65%。为实现这一目标，该意见同步提出了实施生产性服务业十年倍增计划，强调大力发展研发设计服务、现代物流与供应链管理、数字贸易、软件与信息技术服务等，重点发展工业设计、物流与制造业深度融合、跨境电子商务、电子元器件与集成电路国际交易等，推动现代服务业，尤其是生产性服务业向专业化和价值链高端延伸，为新型工业化提供"软件"加持。

值得关注的是，"制造业当家22条"将生产性服务业集聚格局的区域协调范围进一步拓展至港澳，提出加强大湾区制造业发展的规则衔接、机制对接，优化区域功能布局，促进各地制造业优势互补、紧密协作，有助于推动广东制造业更快更好融入国内国际双循环体系。

（四）完善制造业高质量发展区域布局

通过合理布局制造业的区域空间，提高资源利用效率，实现区域间产业分工协作和优化升级，推动区域协调发展，促进制造业更高质量、更安全发展，是广东以实体经济为本，坚持"制造业当家"的内在要求，对破解区域发展不平衡难题、统筹利用好国内国际两个市场两种资源、提升国际竞争力具有重要作用。

2019年，广东省委和省政府印发《关于构建"一核一带一区"区域发展新格局促进全省区域协调发展的意见》，提出以功能区战略定位为引领，加快构建形成由珠三角地区、沿海经济带、北部生态发展区构成的"一核一带一区"区域发展新格局，为广东构建制造业高质量发展区域布局提供总体发展方向。基于此，2021年出台的《广东省制造业高质量发展"十四五"规划》提出打造珠三角高端制造业核心区、东西两翼沿海制造业拓展带、北部绿色制造发展区，以产业园高质量发展为抓手，构建全省"一核一带一区"制造业高质量发展格局。该规划关于广东制造业的战略性支柱产业集群的总体空间布局与2020年发布的20个战略性产业集群行动计划相衔接，是基于各地市的资源禀赋和产业基础制定的，这一布局也被进一步贯彻于"制造业当家22条"当中，保持了政策的连续性与针对性，有助于形成共促高质量发展的合力。

在广东制造业核心区域不断由传统制造业为主向先进制造业为主转

型、传统制造业向外转移成为必然趋势的背景下，在制定出来的具有引领性力量的区域布局规划不扩大的前提下，如何缩小区域之间的差距是实现广东制造业高质量发展的一个重要方面。近年来，广东对粤东西北地区的产业布局、项目布点给予大量的政策倾斜，其中，深汕特别合作区、广清经济特别合作区已初步实现产业共建。但需要指出的是，广东制造业仍存在着区域之间发展不平衡、协同式布局有待优化等问题，因此，推动实现产业有序转移、通过"全省一盘棋"的协同安排，促进区域共建、协同发展，成为广东完善制造业高质量发展区域布局的重点工作之一。2023年3月24日，广东省委、省政府印发《关于推动产业有序转移　促进区域协调发展的若干措施》，通过建立健全长效机制、高标准建设一批产业承接载体、引导产业集群化特色化发展、强化要素支撑、营造良好发展环境等举措引导产业有序转移，加快形成主体功能明显、优势互补、高质量发展的区域经济布局。

2023年4月，习近平总书记在广东考察时就强调："广东要下功夫解决区域发展不平衡问题，加快推进交通等基础设施的区域互联互通，带动和推进粤东、粤西、粤北地区更好承接珠三角地区的产业有序转移。"[①]广东不断加大对粤东粤西粤北地区的基础设施建设投入，对促成双向合作、建立起实质性的"造血"功能机制具有突出作用。"制造业当家22条"提出，要创新区域帮扶协作机制，实现对口帮扶协作在粤东粤西粤北地市全覆盖、新型帮扶协作机制在粤东粤西粤北各县（市）全覆盖。《广东省制造业高质量发展促进条例》创新跨区域产业合作模式，更加重视产业链上下游及区域之间的协调性以及地域之间的横向协同，推动广东各地之间实现差异化分工和优势互补，不断完善广东制造业高质量发展的区域

---

① 《坚定不移全面深化改革扩大高水平对外开放　在推进中国式现代化建设中走在前列》，《人民日报》2023年4月14日。

布局，最终实现优势互补、互利共赢。

▼ 二、加快培育形成新质生产力

"一切社会发展和变革的最后决定力量是生产方式。生产方式包含着生产力和生产关系两个方面。生产力和生产关系的矛盾，是生产方式发展和变革的原因，也是整个社会形态发展和变革的根本原因。"[1]世界新一轮科技革命和产业变革加速演进的背景下，习近平总书记于2023年9月在黑龙江考察时首次提出"新质生产力"，引起社会各界广泛关注。什么是新质生产力、如何发展新质生产力成为推进中国式现代化实践的重要议题。

2024年1月31日，习近平总书记在中共中央政治局第十一次集体学习时系统论述了新质生产力，指出："新质生产力是创新起主导作用，摆脱传统经济增长方式、生产力发展路径，具有高科技、高效能、高质量特征，符合新发展理念的先进生产力质态。它由技术革命性突破、生产要素创新性配置、产业深度转型升级而催生，以劳动者、劳动资料、劳动对象及其优化组合的跃升为基本内涵，以全要素生产率大幅提升为核心标志，特点是创新，关键在质优，本质是先进生产力。"[2]根据这一论述，可以看到，新质生产力这一概念事实上是对中国在新时代把握新一轮科技革命和产业变革新机遇过程中形成的先进生产力的理论概括，具有创新性与时代性，因此说其是马克思主义生产力理论的创新和发展，凝聚了党领导推动经济社会发展的深邃理论洞见和丰富实践经验。

---

① 《艾思奇全书》第7卷，人民出版社2006年版，第748页。

② 《加快发展新质生产力 扎实推进高质量发展》，《人民日报》2024年2月2日。

广东长期坚持厚植制造业产业土壤，在建设制造强省的过程中，不断向"新"而行，积极向科技、人才、创新要新质生产力，通过对生产要素进行创新性配置，将先进技术融入传统制造业，加快推进技术创新转化为制造业产业创新，助力实现技术革命性突破，大力培育高端制造业和新兴产业，推进建设起更具国际竞争力的现代化产业体系。

（一）推进生产要素创新性配置，实现创新链与产业链互联互通

科技创新不等同于产业创新，如何通过推进生产要素创新性配置，使制造业的科技创新与产业创新互联互通，形成极富活力与竞争力的新质生产力，是实现制造业高质量发展的关键环节之一。广东自2008年提出"腾笼换鸟"以来，其以劳动密集型为基本特征的传统制造业陆续外迁或转型，同时，电子设备制造业、电气机械器材制造业和汽车制造业等逐渐成为支撑广东经济的新质生产力，弥补了传统制造业的增长不足问题。可以看到，广东在大力支持制造业产业取得核心技术突破，并通过对生产要素进行创新性配置，实现创新链与产业链的互联互通，以形成具有高科技、高效能、高质量特征，符合新发展理念的先进生产力质态方面已有一定经验积累，并取得了不错的成绩。

一是科技创新引领，促进产业结构高端化。科技创新能够催生新产业、新模式、新动能：一方面，科技创新作为发展新质生产力的核心要素，需要资金、技术与人才支持；另一方面，科技创新要完全转化为新质生产力，则需要面向市场需求，以应用牵引增强科技创新的成果转化能力，使之应用到具体产业和产业链上。近年来，广东围绕推进新型工业化和加快建设制造强国、质量强国、网络强国、数字中国和农业强国等战略任务，在推进制造业科技创新方面，不断加大资金、技术与人才支持，

将三分之一以上的省级科技创新战略专项资金用于基础研究，推动建设大湾区量子科学中心、国家应用数学中心等进行基础性研究的科研机构。同时，推进编制并实施基础与应用基础研究十年"卓粤"计划，加强布局基础研究的多个重点领域，是广东积极探索关键核心技术攻关新型举国体制"广东路径"的最新探索。

在经济全球化的当下，供应链、产业链具有公共产品属性，但随着以美国为首的贸易保护主义、单边主义的抬头，我国的供应链、产业链安全受到巨大挑战。对此，广东在其突出的产业门类优势基础上，围绕发展新质生产力布局产业链，深入实施省重点领域研发计划，集中优质资源合力加快推进关键制造业基础件的攻关，推进产业结构高端化，对锻造产业链供应链韧性和安全水平，保证我国现代化产业体系自主可控、安全可靠具有重要意义。广东已在"5G、4K/8K超高清视频、高端电子元器件等领域打破一批'卡脖子'技术瓶颈，部分产品实现国产化替代"。未来广东将依托政策支持与产业优势进一步围绕新质生产力、围绕攻克产业核心技术推动科技创新。

科技创新也涵盖了技术的创新与改造，且对传统制造业的转型升级、推动制造业低端产业高端化具有极大的推动作用。因此，广东高度重视将技术改造作为推动制造业企业智能化、数字化、绿色化发展的重要手段。近年来，广东陆续发布了各项企业技术改造奖补政策，主要针对于企业进行扩产增效、智能改造、设备更新和绿色化发展这四个方向的技术改造，以项目制方式支持企业进一步推进技术改造，所获资金需用于创新和研发投入、技术成果产业化应用、数字化网络化智能化改造、促进上市融资等方面。并在此基础上开展工业技改"百企千项"示范行动，即省市县共同打造100家以上技术改造示范企业、1000项以上重点技术改造项目。2023年广东制定印发《广东省新形势下推动工业企业加快实施技术改造若干措施》（简称"技改十条"），先后实施工业投资跃升计划、技改"双增"行动、"技改大会战"行动等，取得良好成效。统计显示，广东全年共推动9345家工业企业开展技改，技改投资同比增长22.4%，是6年来年度最快增速，有力支撑全省工业投资增长22.2%，有效促进广东全省制造业向智能化、绿色化、融合化发展。

二是数字化赋能，促进数字经济和实体经济深度融合。在当前世界技术革命和产业变革中，数字技术正日益成为新旧动能转化、全球资源重组、国家竞争新优势构筑的关键力量，数字技术的创新发展蕴含着新产业、新赛道的发展机遇，对此，广东为推进制造业高质量发展，愈加重视并加快推进其数字化转型。

数字经济与实体经济深度融合的实现有赖于坚实的数字经济基础。广东先试先行发展数字经济，着力探索数字发展"广东路径"，多年蝉联全国"数字经济第一大省"，取得了突出成就，并为数字赋能制造业奠定深厚基础。党的十八大以来，广东为加快制造业的数字化转型，促进数字经济和实体经济深度融合，相继出台了《广东省人民政府关于加快数字化发展的意见》（2021年4月）、《广东省数字经济促进条例》（2021年7月）、《广东省制造业数字化转型实施方案（2021—2025年）》（2021年7月）、《广东省制造业数字化转型若干政策措施》（2021年7月）等法规政策，为数字经济发展奠定了政策基础，提供了制度保障。同时，自2022年开始，广东每年出台一份数字经济工作要点，以及制定了全国省级第一个《广东省数字经济发展指引1.0》，为全省当年的数字经济工作提供指导性的建议和参考。

在一系列措施的推动下，广东制造业数字化转型快速发展。而其发展模式大体可分为以下三种：（1）在生产层面上，消费多元与柔性生产催生制造业企业数字化转型；（2）在管理层面上，数据赋能与管理变革助推制造企业数字化转型；（3）在数字化创新性运用层面上，流程创新与跨界融合强化制造企业数字化转型。由此，广东不断强韧并扩充其制造业的产业链与供应链体系，且能够适应市场需要，加速产品和服务的迭代，并在激烈的市场竞争中赢得主动。

当前，广东高度重视培育战略性数字产业集群，聚焦新一代电子信息、高端装备制造、现代轻工纺织、智能家电等战略性产业集群的21个细分行业开展集群数字化转型工程。在推进过程中发现，由于大多数中小制造企业无法支撑起设备先进、体系完备的研发机构，科研能力普遍偏弱，而需要通过被纳入由龙头企业所串起的供应链与产业链生态当中，或者采用协同开发的方式才能实现数字化转型。这表明，搭建合作平台、提供金融支持、建设新型数字基础设施等对于区域内制造企业整体实现数字化转型的重要性与必要性。对此，广东早在2017年就率先在全国启动数字政府改革建设，并于2020年进入2.0阶段，为制造企业数字化转型提供必要的、便捷有效的数字化政务服务。2021年，广东又率先启动数据要素市场化配置改革，创新性构建起两级数据要素市场结构，科学做好数据资源的开发与保护。截至2023年9月底，广东省累计推动2.9万家规模以上工业企业数字化转型，并拥有9家国家级跨行业、跨领域工业互联网平台，数量居全国第一，成功打造出制造业数字化转型的"广东样本"。

三是强化制造业高质量发展的人才引育。面对当前制造业转型升级的需要，广东当前既欠缺科技创新研发人才，又缺乏专业技能人才。为加快集聚制造业高层次急需紧缺人才，广东通过鼓励发展人力资源服务高端业务、编制覆盖全省20个战略产业集群的粤港澳大湾区（内地）急需紧缺人才目录、做好人才引进工作，进一步优化人才供需匹配。

与此同时，"制造业的发展正从标准化、大规模生产转向个性化、柔性生产。这也意味着制造人才的培养要求发生了转变，对制造人才的需求将变得更具融合性、集成性和复杂性"。而对人才需求的转变，必然带来对人才的培养、使用与评价机制的转变。事实上，传统院校人才培养模式不能适应产业升级发展的需要，存在对新兴产业适应性不强、匹配度不高的难题，相对地，新兴产业却大量缺乏可胜任岗位需求的技能人才。然而，这一结构性的矛盾并不能简单地依靠政府、学校或者企业去加以解决。

为破解技能人才产教脱节的矛盾问题，广东着力推动实施制造业当家技能人才支撑工程，健全技能人才发展政策体系，全面提升技工教育水平，创新产业技能人才培养模式，采取"龙头企业出岗位、出标准、出师傅，院校出学生、出教师、出教学资源，政府出政策、出资金、出管理，企校共同制定培养标准、共同制定评价标准、共同招生招工、共同开发课程、共同培训、共同评价、共同激励、共同管理"的"三方九出八共"模式，形成政企合力，构建"产教评"技能生态，彻底将培养、使用、评价环节打通，大力培育复合型人才。2023年3月，广东遴选出首批共63条"产教评"技能生态链，覆盖了广东13个战略性产业集群，吸引了3170家生态企业、432家院校参与，且其"链主"企业涵盖华为、腾讯、比亚迪、TCL、大族激光等一批制造业当家企业。

四是提高金融服务实体经济能力，促进资金链与产业链良性循环。当前制造业产业结构日益复杂，广东金融如何满足龙头企业、大型制造业企业、制造业中小企业、科技型中小企业等不同领域制造业的融资需求，成为推进制造业高质量发展过程中亟须解决的一个重要问题。

对此，广东进一步提升金融支撑实体经济的能力，加大金融资源支持力度，并持续向制造业重点领域与薄弱环节集聚，大力支持广东建设制造强省。加大对科技创新的投入，是广东金融支撑制造业高质量发展的重要内容之一，其具体表现在，广东金融响应政府号召，顺应市场发展需要，加大面向先进制造业企业、专精特新"小巨人"企业等金融供给，针对不同类型、不同规模制造业企业加大金融扶持与投资力度。

在制造业贷款方面，面对制造业进行核心技术攻坚、基础设施建设等需要大量资金支持的状况，加强金融咨询与服务能力，通过完善制造业信贷投放考核权重等方式，持续加大信贷对制造业的投放力度，稳步扩大制造业贷款量。针对企业技术改造资金缺乏等问题，广东发布"技改十条"，引导金融支持工业企业创新与技改。在人民银行等金融管理部门的引导下，在科技创新再贷款、设备更新改造专项再贷款等结构性货币政策工具的撬动作用下，金融资源正精准流向制造业，各金融机构为产业链上不同类型的制造业客户提供适合其发展需求的金融产品；针对中小微企业融资难、融资贵等问题，继续加大对制造业中小微企业融资支持力度，对通过省中小企业融资平台发放的符合条件的制造业中小微企业贷款，给予一定贴息支持，尤其是在对高科技企业进行充分评估的前提下加大信贷支持力度，为其加快提高科技研发水平、促进科技成果转移转化提供服务。统计数据显示，2023年金融业增加值实现1.24万亿元，同比增长7.1%，占GDP的比重为13.8%。其中，全省制造业企业、高新技术企业和科创企业贷款增速均为信贷增速的2倍以上，为制造业企业和科创企业提供融资支持1.2万亿元，创历史新高；共有66家广东企业在境内外上市，实现境内直接融资1.06万亿元，位居全国第一。

表3-1 2019—2022年广东制造业贷款情况

单位：万亿元、%

项目	2019年		2020年		2021年		2022年	
	金额	同比增长	金额	同比增长	金额	同比增长	金额	同比增长
广东制造业贷款	1.49	11.1	1.78	19.3	2.05	15.4	2.5	22
广东全部贷款	16.8	15.70	19.57	16.50	22.22	13.60	24.6	10.60

在保险业服务制造业方面，广东推动金融机构主动对接制造业企业需求，加大融资支持力度，引导广东辖内银行业保险业聚焦广东产业规划布局，为制造业定制化提供风险保障。为充分利用好粤港澳大湾区金融业集聚化的优势，广东进一步强化对广东金融服务制造业的政策引导，大力支持粤港澳大湾区建设基础设施，推动跨境金融合作和服务先行先试、多点开花，提升跨境金融服务水平，提升广东金融服务制造业高质量发展的能力，助力企业完善全球产业布局。

（二）推动实现新质生产力与产业转型升级的良性循环

广东制造业进入高质量发展阶段，加速推进的产业转型升级有赖于技术创新和生产方式创新，由此促进广东传统产业向数字化、智能化和绿色化方向发展，实现质的层面的飞跃，推动培育和形成新质生产力。数字技术与智能化技术应用于发展成熟的传统产业，对原有的生产要素进行优化配置，传统产业在获得新业态、新模式后大大提高其生产力水平。需要指出的是，新质生产力是推动实现经济效益、社会效益和生态效益相统一的先进生产力。

同时，新质生产力又进一步推进产业转型升级，这尤其表现在攻克"卡脖子"的关键核心技术而获得的新业态、新经济增长动力上。而以新技术催生出新产业，则多是依托企业主体，且集中于高新技术企业，其具有明确的研发方向及基础，且在研发投入力度上远超传统产业。以广东深圳市南山区一人形机器人企业研发为例，该成果是我国第一款实现商业化落地的大型人形机器人，已历经四次迭代，其背后有十多个领域数十项技术的突破，该公司已成功上市。需要指出的是，科技创新研发推动产业转型升级内在蕴含着其以市场需求为导向的运作逻辑，具有参与国际竞争与合作的潜力。广东构建起的现代化产业政策高度重视加强产业链协同创新，推动专精特新企业与上下游深度合作，优化产业链布局，对支持专精特新企业参与全球竞争与合作中取得优势地位具有重要作用。当然，科技成果实现完全的商品转化不能简单依托于单一企业主体，这也表明了，要素资源向产业集群集聚对发展新质生产力的重要性，而广东所构建起的"基础研究+技术攻关+成果转化+科技金融+人才支撑"的全过程创新生态链则为科技成果转化和企业创新提供了强有力的支持。

此外，"基础设施的建设是产业发展的前提，可以使一二三产业群得以形成。随着这些产业群的出现，新的生产能力也出现了，这种能力被称为'新质生产力'"[①]。而广东所推动的现代化产业政策，不仅在平台、项目、基础设施建设以及金融上予以支持，还规划性地引导发展战略性支柱产业集群，更好地发挥了政府的作用，使得区域整体的产业升级构筑起竞争优势，取得更大的转型升级自主权，是中国式现代化广东实践的突出成果之一。

▼ 三、大力实施"大企业"培优增效

企业是制造业的经营主体，也是推动创新创造的生力军，制造业企业的提质增效无疑会推进制造业的高质量发展。改革开放后，广东充分运用国家提供的优惠政策，采取灵活措施，率先探索对外加工贸易模式，推动成立"三来一补"企业以及本土企业的发展，乡镇企业、外资企业、国企改革以及民营经济蓬勃发展，广东制造业的主体充满活力。由此，"广东工业生产进入腾飞期，并从'珠江水、广东粮、岭南衣、粤家电'到以装备制造、汽车、石油化学业为主的先进制造业和以医药、电子及通信设备

---

① 曹和平：《新质生产力会使中国经济增速长期保持在5%—10%》，观察者网2024年2月3日。

业为主的高技术制造业不断优化升级。按可比价格计算，2012年规模以上工业总产值比1978年增长431.6倍，年均增长19.5%"[①]。

党的十八大以来，以习近平同志为核心的党中央统筹国内国际两个大局，加快推进现代化经济体系建设，推动了广东制造的转型升级与高端化。2018年广东经济数据显示，"电气机械和器材制造业增长7.1%，汽车制造业增长7.4%，三大支柱产业增加值合计对规模以上工业增长的贡献率为56.6%。中高端产业发展良好。规模以上先进制造业增加值比上年增长7.8%，占规模以上工业增加值比重为56.4%；高技术制造业增加值增长9.5%，占规模以上工业增加值比重为31.5%。"[②]为应对新冠疫情以及世界政治经济格局的变动给制造业带来的巨大影响，广东制定了《关于应对疫情影响加大对中小企业支持力度的若干政策措施》（简称"中小企业26条"）、《广东省进一步支持中小企业和个体工商户纾困发展的若干政策措施》（下称"支持中小企业和个体工商户25条"）。

"制造业当家22条"公布后，广东着力实施"大企业"培优增效行动，引导广大民营企业把握新发展阶段，完整、准确、全面贯彻新发展理念，融入新发展格局，实现高质量发展。截至2023年底，广东登记在册经营主体突破1800万户，占全国总量的十分之一，经营主体发展呈现"四个全国第一"和"四个快速增长"的显著特点。

（一）构建企业梯级培育体系

针对高质量发展制造业过程中存在不同类型、不同梯次企业的实际及其需要，广东深入实施创新主体培育工程，积极构建企业梯级培育体系，

---

① 《砥砺奋进70载　辉煌引领新时代——新中国成立70周年广东经济社会发展成就系列报告之一》，澎湃新闻网2019年9月1日。

② 《2018年广东宏观经济运行情况》，广东数据库网2021年6月30日。

推动壮大全链条的政策支持体系，加快资金、人才、技术等生产要素向企业集聚，激励各类企业创新发展。具体而言，广东通过加大省级优质企业梯度培育力度，大力支持高新技术企业、科技型中小企业发展，建立优质中小企业梯度培育体系，重点培育壮大制造业腰部企业，建立优质企业常态化服务机制，为企业提供全面精准服务等方式，逐步构建起企业梯级培育体系。

近年来，广东在提出培育发展战略性支柱产业集群后，为落实相关规划目标，政府各相关部门积极着手制定执行办法，并获得不错成效：根据工业和信息化部于2022年公布的首批中小企业特色产业集群名单，广东有7个集群上榜，分别是广州市黄埔区智能制造装备产业集群、佛山市南海区氢能产业集群、广州市花都区箱包皮具产业集群、湛江市廉江市小家电产业集群、韶关市南雄市涂料产业集群、深圳市南山区智能终端芯片设计产业集群、深圳市宝安区锂电池设备制造产业集群，其入选数量与山东入选数量并列第一，领跑全国。2023年，广东省工业和信息化厅专门就促进中小企业特色产业集群发展工作制定了《广东省促进中小企业特色产业集群发展暂行办法》。需要指出的是，该暂行办法将中小企业特色产业集群定位于县级区划范围，且其目标为"'十四五'期间，在全省范围内认定100个左右集群，引导和支持地方培育一批市级集群"，其数量及其覆盖面表明了，广东培育发展中小企业特色产业集群也意在促进区域经济协调发展。在集群建设基础上，"制造业当家22条"进一步鼓励产业链上下游企业强强联合，鼓励大型企业将优质中小企业纳入产业链、供应链体系，开放产业集群图谱，开展"大手拉小手"活动，大力提升产业链整合能力，开展"携手行动"，促进大中小企业融通创新发展和产学研协同创新，提高产业组织效率。此外，围绕中小微企业发展不同阶段的创新需求，广东开始实施"个转企、小升规、规改股、股上市"市场主体培育计划，计划通过建立优质中小企业梯度培育体系，锻造一大批优质中小企业。

广东加强政策引领对企业的培育效用，相继发布《广东省战略性产业集群重点产业链"链主"企业遴选管理办法》（2022年12月）、"支持中小企业和个体工商户25条"（2022年3月）、《广东省推动专精特新企业高质量发展的指导意见》（2023年9月），以及开展评选广东省制造业单项冠军等活动，不断优化科技领军企业、"链主"企业、制造业单项冠军企业、专精特新中小企业梯度培育机制。截至2023年，广东规模以上工业企业超7.1万家、高新技术企业超7.5万家，均居全国首位；全省累计培育国家级制造业单项冠军企业132家、专精特新"小巨人"企业1528家。19家企业进入世界500强，A股上市公司总量、新增境内外上市公司数量均居全国第一。

在已有的发展基础之上，2023年发布的"制造业当家22条"制定出与此前发布的《广东省制造业高质量发展"十四五"规划》相衔接的发展目标，并做了进一步细化：实施优质企业梯度培育"十百千万"计划，打造50家科技领军企业和100家"链主"企业引领、1000家制造业单项冠军企业攻坚、10000家专精特新企业筑基的世界一流企业群。总之，广东通过积极构建企业梯级培育体系，不断完善大中小企业融通创新发展产业生态，为广东打造世界级产业集群提供基础支撑。

（二）加快培育中国特色现代企业

习近平总书记在党的二十大报告中指出，"完善中国特色现代企业制度，弘扬企业家精神，加快建设世界一流企业"，为我国企业改革指明了方向和目标。广东作为改革开放的排头兵、先行地、实验区，要加快培育中国特色现代企业，推动更多制造业企业向大而优、大而新、大而强的方向发展，不断完善中国特色现代企业制度，进一步筑牢广东制造业高质量发展的坚实根基。

改革开放以来，广东大力支持民营企业发展，加大对民营企业特别是中小微企业和初创企业在融资服务、技术改造、创新驱动、转型升级等方面的支持。有研究指出："扩大业务规模不意味着'扩大产能''接更多订单'，企业更多是从组织管理、降本增效等方面来变相增加营收扩大业务。"广东相继发布了《广东省降低制造业企业成本支持实体经济发展若干政策措施》（2017年8月20日，简称"实体经济十条"）、《广东省激发企业活力推动高质量发展的若干政策措施》（2023年2月28日）、《广东省降低制造业成本推动制造业高质量发展若干措施》（2023年11月14日）等政策措施，有效降低广东制造业企业的生产成本，实现更高水平的生产效率。并且，自2018年始，广东省充分发挥财政资金引导作用，连续7年组织实施中小企业人才免费培育项目，提升中小企业经营管理水平，推进中小企业平稳健康发展；2023年，广东省财政厅更是下达了3.46亿元专精特新"小巨人"企业奖补资金，用以支持企业加大创新和研发投入，加快技术成果产业化应用。在政府加强财政支持之外，广东还鼓励银行业金融机构围绕优质企业量身定制金融服务方案，完善支持优质企业上市挂牌融资的工作机制，为制造业企业转型升级与创新提供坚实的金融支撑。

广东全面深化国有企业改革，通过不断调整生产关系，激发生产力发展活力，提升国有企业制造业竞争力，引导省属国有企业聚焦主责主业，补短板、锻长板，加快在制造业关键环节和中高端领域布局，将重点工作列入国有企业考核体系；实施省属国有企业制造业投资额5年倍增计划，促进提升制造业资产规模；鼓励制造业上市公司通过资本运作做优做强，积极探索建立省级政策性基金的投资容错机制。

"管理效率与企业经营效率之间存在着密切联系。提升中国制造业企业管理效率有助于提升企业管理效率。"因此，广东推进制造业高质量发展须不断提升制造业企业管理水平。"制造业当家22条"提出实施制造业企业管理提升专项行动，通过鼓励推动企业完善法人治理结构、市场化经营机制、薪酬激励机制等方式，主要是从企业产权有效率的安排和促进市场竞争两方面来提升广东制造业企业的管理效率。支持制造业企业通过兼并重组、合作等方式做强做优做大，培育打造60家以上中国500强企业、70家以上民营500强企业。

此外，培育好中国特色现代企业一定程度上有赖于企业家的健康发展。中共中央、国务院发布的《关于促进民营经济发展壮大的意见》提出，通过强化民营企业家培育、培育和弘扬企业家精神、推动积极履行社会责任、全面构建亲清政商关系促进民营企业家健康成长。自2016年以来，广东省已连续五次编制并发布《广东省民营企业社会责任报告》，该报告系专门针对区域内民营企业的社会责任报告。承担社会责任的同时也必然带来一定的社会效益，同时也会带来有利于企业发展的社会效应。该报告显示，广东民营企业踊跃投身"百千万工程"，积极参与双区和三大平台建设，在自觉服务国家和广东省重大战略部署中塑造新动能新优势。

（三）强化企业科技创新主体地位

"企业既是经济活动的主要参与者，又是技术进步的主要推动者。"因此有必要强化企业在科技创新中的主体地位，这是实现高质量发展的内在要求，也是构建新发展格局的迫切需要。当前，全球进入新一轮技术革命与产业变革深入发展阶段，一个国家在前沿技术上的实力强弱一定程度上决定其能否在世界竞争当中赢得主动。同时，世界政治经济环境的复杂性、严峻性与不确定性也在不断攀升，我国企业发展面临巨大挑战，也迎来巨大发展机遇。

企业作为自身研发经费投入的主力，通过加大研发投入，提高企业自身创新能力是保持其在竞争中的优势地位的根本路径，但又会由此造成短期收益的下降，一定程度上降低了制造业企业对于提高研发投入的意愿。此外，全球产业结构中传统制造业的微利模式难以维系，传统产业的转型升级成为痛点难点，研发投入难以真正转化为效益也是企业转型之路难走的根由。近年来，广东坚持以技术创新为实现高质量发展的逻辑起点，通过制定系列政策措施，提高传统制造业转型升级的意愿与能力，加大对先进制造业的引导与培育工作，不断强化区域内企业科技创新主体地位，初步形成了由科技型中小企业、专精特新企业、高新技术企业、科技领军企业等组成的科技企业体系。截至2023年底，广东登记在册"四新经济"（新技术、新产业、新业态、新模式）企业257.7万户，占企业总量的32.9%，较上年末增长13.9%，增幅较企业总体水平高5.4个百分点。

广东抓住当前区域内企业提高科技创新能力的痛点难点，针对性地推出强化企业科技创新主体地位的行动举措。具体而言，面对制造业企业存在的技术创新的原创性、引领性科技攻关能力不强的问题，广东积极打造以企业为主体的科研创新体系。在加快建设高新技术企业集群，推动创新要素高效配置的同时，广东利用好粤港澳大湾区国际科技创新中心、粤港澳大湾区国家技术创新中心、南沙科技创新产业合作基地建设等带来的人才与技术支持，通过架设平台，制定为不同发展阶段的企业提供金融和人才等配套政策支持、支持企业参与国家科技创新决策等机制，大力推进产学研深度合作，加大力度引导与组织企业投入关键性、原创性与前沿性的技术攻关中去。广东印发的《关于推行中国特色企业新型学徒制 加强技能人才培养的通知》（2022年3月），就要求以产教融合、校企合作为重要手段，面向企业全面推行企业新型学徒制培训，进一步扩大技能人才培养规模，推动政策惠企、人才优企。

针对科技成果转化阻塞、比例偏低等问题，广东完善相关法律法规，相继发布《关于强化知识产权保护的若干措施》（2020年7月）、《广东省知识产权保护和运用"十四五"规划》（2021年12月）以及《广东省知识产权保护条例》（2022年3月），并于2021年和2022年均发布了《广东省知识产权保护状况》白皮书，推动构建起更加完备的知识产权制度系统，切实保护了企业的科技创新成果。前述"加快培育新质生产力"部分已指出，通过加强金融支持科技创新成果转化以及健全产学研成果对接等方式，提升企业科技成果转化的质效与积极性。

上述广东针对企业科技创新主体地位的种种强化措施已取得不错成效，根据《中国区域创新能力评价报告2023》，广东区域创新能力蝉联第一，连续7年领跑全国。广东规模以上工业企业达6.7万家，5年增加2万家；高新技术企业达6.9万家，5年翻了2倍多；在企业研究开发投入、技术能力提升综合指标等方面，广东均排名第一。

（四）提升企业质量品牌能力

产业质量是广东高质量发展的基石，企业作为生产的主体，同时也是产品质量的第一道把关主体与责任主体。提升企业的质量品牌能力作为一项系统性工程，随着广东制造业由粗放向集约转型、由人力消耗转向技术支撑而被不断推进。

近年来，面对制造成本上升、海外需求不足和环保标准趋严等多重因素给制造业造成的不利影响，广东相继出台《广东省政府质量奖管理办法》（2021年12月）、《广东省2022年工业质量提升和品牌建设工作计划》（2022年5月）、《广东省全面提升制造业质量品牌水平的若干政策措施》（2023年10月）等一系列政策措施，坚持以"质量为王"为价值导向，通过建设高水平质量基础体系，支持制造业企业数字化转型、参与国内及国际标准建设等方式，激发企业追求高质量发展的内生动力。据统计，广东制造业质量竞争力指数持续稳定上升，由2018年的89.63提升到2022年的90.63，较全国平均水平高出5.72个标准分；全省制造业产品质量合格率达94.49%，位居全国前列。在已评选四届的中国质量奖中，广东有3个组织获中国质量奖，15个组织和1名个人获中国质量奖提名奖。在省政府质量奖方面，广东共计704家企业参评，共有62个组织获广东省政府质量奖，36个组织和1名个人获广东省政府质量奖提名奖，制造业企业的产品质量、工程质量、服务质量稳步提升。

广东制造业的品牌提升建立在广东坚实的产业质量基础之上，自改革开放以来，广东的品牌打造经历了从无到有、从粗放式到精细化的过程，而企业作为创新的主体，增强企业品牌发展能力对广东质量强省建设具有重要意义。事实上，从全球经济的制高点看，产品的竞争就是品牌的竞争。提升企业品牌竞争力的同时也使企业在产业链与供应链中取得优势地位。广东出台了一系列支持提升制造业企业品牌建设能力的政策措施，通过建设粤商品牌建设服务平台、举办广东质量品牌博览会系列活动、支持创建品牌提升示范区、大力培育和保护自主创新品牌等方式加以引导、推动。广东逐渐形成了以创新为支撑、以文化为其赋能、以环境助力发展的提升企业品牌建设能力的基本模式，推动区域品牌建设再上新高度，为企业实现高质量发展提供强有力的支撑，为培育世界一流的企业群提供广东实践方案。

▼ 四、不断融入国内国际双循环体系

党的二十大报告提出："推进高水平对外开放。依托我国超大规模市

场优势，以国内大循环吸引全球资源要素，增强国内国际两个市场两种资源联动效应，提升贸易投资合作质量和水平。"①改革开放40多年来，广东制造业充分运用国家给予的特殊政策和提供的灵活措施，发挥毗邻港澳的地缘优势，积极有效地利用外资，取得了巨大成效。一方面，当前全球经济增长乏力，新技术革命与产业变革突飞猛进，广东面对这一世界竞争格局，如何利用好国内国际两个市场两种资源，是广东制造业走高质量发展道路的重要议题之一。发展更高层次开放型经济，以更高水平开放为高质量增长带来新动能，对于产业转型升级与创新，以及构建具有世界竞争力的现代化产业体系至关重要。

目前国际宏观形势对广东的外资、外贸仍造成较大影响，且广东的创新能力距离部分发达国家仍有不足。对此，为了更好地融入国内国际双循环体系，推动制造业的高质量发展，广东提出打好外贸、外资、外包、外经、外智"五外联动"组合拳，用好国内国际两个市场两种资源，进一步拓展经济纵深、开辟产业发展的新空间，努力建设更高水平的开放型经济新体制，助力广东现代化产业体系在全球价值链中实现不断跃升。

（一）高质量吸引和利用外资

面对全球产业链供应链的深度调整，广东通过进一步扩大对外资的开放，实现新一轮的优势叠加。一方面广东不断推进扩大对外资的开放领域。近年来，新能源、新型储能、人工智能、商业航天、智慧养老等未来产业被开放成为可供外资参与投资的新领域。另一方面，随着制造业的升级与转移，广东利用外资的结构也发生较大转变，其中，对传统制造业的整体投资规模正在缩小，并且逐渐开始向资本密集型、技术密集型的外

---

① 《习近平著作选读》第1卷，人民出版社2023年版，第27页。

资转变。概之，广东利用外资出现了两个跨越：一是从单纯的"引资"向"选资"跨越，二是从主要依靠优惠政策向改善投资环境吸引优质外资的跨越。尽管受新冠疫情与世界政治经济格局动荡的影响，广东制造业实际利用外资规模一度出现下滑，但自2022年以来，制造业外资金额出现回升，至2023年，广东制造业实际利用外资为492.2亿元，同比增长11.7%，占全省实际外资的30.9%，并且在广东的工业投资增长中，高技术制造业、先进制造业投资增长有明显提升，其中高技术制造业更是增幅明显，在2023年占制造业实际利用外资比重达51%，外资结构不断优化，质量持续提升。

实际上，广东巨大的经济体量以及近年来大力推动制造业转型升级，为外资、外企的发展提供了更大的舞台。广东瞄准世界500强、中国500强、民营500强等头部企业加大项目招引力度，实施招商伙伴合作计划，打好以商招商、以链引商、以侨引商、联合招商、基金招商、中介招商、乡情招商等招商引资"组合拳"，推广"以投代引"资本招商模式，打造"引进团队—国资引领—项目落地—股权退出—循环发展"项目招商引资闭环，不断提升广东制造业招引外资的规模与质量。

随着广东制造业转型升级的逐步推进，广东开始鼓励外商加大对广东省高端制造业领域投资，2017年12月印发了《广东省先进制造业国内招商引资工作方案（2018—2020年）》，实施精准招商、"以商招商"，畅通投资信息，目的是招引一批先进制造业龙头企业、专精尖配套项目落户，推动完善相关产业链。为进一步提升制造业利用外资的体量与质量，广东不断加大政策支持，进一步优化营商环境：2023年3月19日，《广东省推进招商引资高质量发展若干政策措施》出台；2023年7月31日，《关于以制造业为重点促进外资扩增量稳存量提质量的若干措施》（下称"外资17条"）印发；2023年9月28日，《广东省大力发展融资租赁支持制造业高

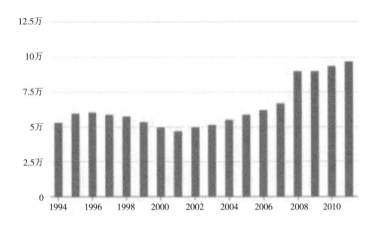

图3-1　广东省外商投资企业额（户）
图片来源：前瞻数据库网站。

质量发展的指导意见》印发。其中，"外资17条"旨在以制造业为重点促进招引外资，进一步扩大外资流入，稳定外商投资规模，并且鼓励外资投向粤东西北地区优势产业，促进区域协调发展，更好发挥外资在广东以制造业当家推动实体经济高质量发展中的积极作用。

需要指出的是，2023年10月18日，在"一带一路"国际合作高峰论坛开幕式的主旨演讲中，习近平总书记宣布了中国支持高质量共建"一带一路"的一系列举措，其中包括"全面取消制造业领域外资准入限制措施"，对进一步强化广东制造业利用外资，扩大对外开放水平具有重要意义。

（二）推动重点产品扩大进出口

广东作为经济大省和外贸大省，其外向型特征显著。改革开放以来，广东作为我国对外开放的前沿阵地、全国外贸的"稳定器"，在对外开放方面取得巨大经济成效：1978年，广东外贸进出口总值15.91亿美元，占全国比重7.7%。到2018年，广东外贸进出口总额达10851.03亿美元，占全国比重达23.5%。2023年广东外贸实现正增长，以8.3万亿元的规模再创历史新高，连续38年稳居全国外贸第一大省，总量占全国的19.9%。其中，出口5.4万亿元，同比增长2.5%；进口2.9万亿元，同比下降3.6%。

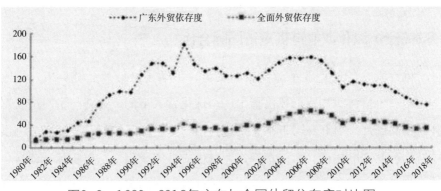

图3-2　1980—2018年广东与全国外贸依存度对比图

近年来，广东对外贸依存度一直保持在60%以上，面对严峻的国内外经济形势，广东省制造业稳外贸面临着巨大的压力和挑战，而稳住外贸基本盘对于推动广东经济回升向好至关重要。在构建以国内大循环为主体、国内国际双循环相互促进的新发展格局下，广东坚持"制造业当家"，走高质量发展制造业的道路，对开拓国际市场具有积极作用，推动进出口贸易国的多元化与商品出口的高端化。

党的十八大以来，"一带一路"沿线市场成为广东制造业转型升级的重要方向之一。广东参与并推动"一带一路"建设，积极促成与沿线国家达成合作，推动外贸稳规模优结构，由加工贸易占主导逐渐转变为由一般贸易占主导，且"新三样"——电动载人汽车、锂电池、太阳能电池成为广东出口商品的主力，推动扩大广东海外市场份额。值得关注的是，"一带一路"建设的中欧班列在推动广东外贸发展方面发挥着重要作用。自

2016年粤港澳大湾区首趟中欧班列开行以来，2023年广东开行国际货运班列1258列，同比增长30%，年开行量首次破千列。而且，在制造业产业不断转型升级的基础上，广东积极支持加工贸易企业转型、减税降费、跨境电商B2B出口试点、市场采购等新业态，推动广东制造业开展更高效便捷的对外贸易。

（三）深化产业链供应链国际合作

世界新一轮的产业革命和技术变革，带动了全球产业链重组、供应链重塑和价值链重构。前述已指出，全球化背景下的产业链与供应链具有公共产品属性。对此，习近平总书记指出："中国坚定不移维护产业链供应链的公共产品属性，保障本国产业链供应链安全稳定，以实际行动深化产业链供应链国际合作，让发展成果更好惠及各国人民。"产业链供应链关键核心环节在产业链供应链运行中具有不可或缺性、难以替代性，同时具有难以改变、调整或者转换的特点，产业链供应链某些关键环节出现问题，必然会在整个链条上引发"长鞭效应"。由此表明了产业链供应链安全对于社会经济安全的重要性。广东建设现代化产业体系，必然要向构建产业链供应链的生态体系方向推进，以不断提升产业链供应链的韧性和安全水平。

广东具有突出的产业链供应链优势。据统计，被纳入全国规模以上工业统计目录的有近600类工业产品，产品覆盖率超八成。正如前述已指出的，广东制造业仍处于产业转型升级的阶段，在产业链供应链的关键核心技术环节的创新攻坚能力上仍有不足，一方面既需要借助政府扶持、企业投入、研究机构协同来推动攻关并掌握关键核心技术，获得在产业链供应链上的主动权；另一方面也需要以全球化的视野和布局，对产业链供应链各环节的供应商进行多元化布局，尤其需要积极寻求和培育同产品供应商，避免产业链供应链出现过度依赖单一国家和地区的状况。

在加快形成以国内大循环为主体、国内国际双循环相互促进的新发展格局下，广东立足于国内大循环，提出开展产业链供应链"百链韧性提升"专项行动，促进国内全产业链供应链的区域布局与互联对接。同时，广东利用好作为改革开放前沿阵地的优势，以横琴、前海、南沙等粤港澳重大合作平台为载体，深化产业链供应链国际合作，构筑互利共赢的产业链供应链国际合作体系，坚持人类命运共同体理念，推动实现全球产业链供应链国际合作共赢。

加快产业转型升级，夯实产业体系根基

CHAPTER 4

加快产业转型升级是我国主动适应和引领新一轮科技革命和产业变革、巩固扩大现代化产业体系基底的需要，关系现代化产业体系建设全局。2019年8月，中央财经委员会第五次会议指出，要实施产业基础再造工程，做好顶层设计，明确工程重点，分类组织实施，增强自主能力。2019年12月，中央经济工作会议强调，要健全体制机制，打造一批有国际竞争力的先进制造业集群，提升产业基础能力和产业链现代化水平。这意味着我国要通过产业基础再造，打破对传统经济发展路径的依赖，这既是深化供给侧结构性改革的一项重要工程，也是建设现代化产业体系的一项重要任务。广东作为经济大省、制造业大省，在加快产业转型升级，引领现代化产业体系建设上肩负重要使命和重大责任。

一、发挥产业基础能力的关键作用

建设现代化经济体系要大力发展实体经济，筑牢现代化经济体系的坚实基础；要加快实施创新驱动发展战略，强化现代化经济体系的战略支撑。无论是大力发展实体经济，还是实施创新驱动发展战略，都要求大幅度提高产业基础能力。因此，推进产业基础再造是建设现代化经济体系的内在要求。

（一）实施产业基础再造工程

近年来，广东产业总体呈现"快增长—趋稳定"的发展态势，拥有制造业国民经济行业全部31个大类，其中15个规模为全国第一，制造业发展的基石依旧稳固。同时，服务业增势发展，数字经济、海洋产业等重点领域蓬勃发展。在"链长制"带领下，产业链实现互补、重构和升级，产业链韧性和安全性凸显，产业质量效益持续提高，"广东强芯"工程不断取得突破，产业基础高级化水平持续提高。

加快形成定位清晰、高效协同的产学研创新体系。新时代广东通过培育和引进先进制造业、战略性新兴产业龙头企业，鼓励加大基础研究投入，培育铸造聚焦基础产品和技术研发生产的企业群体，形成大中小企业上下游协同创新的产业生态，构建政府引导、企业主导、高校院所协同的区域创新模式，推进产业基础高级化。立足产业发展基础和未来经济高质量发展需要，广东前瞻性谋划选定10个战略性支柱产业集群和10个战略性新兴产业集群进行重点培育。通过开展核心技术攻关、建设产业基础设施和重大创新平台、加快创新成果转化、吸引高端人才队伍，战略性产业集群成为广东产业迈向全球价值链中高端的推动力量。

做强高能级实体平台支撑体系。聚焦东南部产业带的主导产业、优势产业以及区域特色重点产业，加快谋划、建设一批各具特色的高水平科技创新平台、关键性功能平台和公共服务平台，推动重大产业平台和项目集聚。加快建设以国家级平台为龙头，以省级经济开发区、区级产业平台、特色小镇、产业园区、小微企业园、孵化器等为梯队的高质量创新平台。

（二）保障重点产业链稳定安全

进入新时代，推动制造业高质量发展，建设世界级先进制造集群成为广东建设高质量产业体系的重点方向。三大支柱行业（电子、电力、和汽车业）持续发挥重要的支撑作用。2023年，广东规模以上工业增加值4.13万亿元，同比增长4.4%。分门类看，采矿业增加值增长0.4%，制造业增长4.0%，电力、热力、燃气及水生产和供应业增长11.2%。三大支柱产业计算机、通信和其他电子设备制造业，电气机械和器材制造业，汽车制造业增加值分别增长3.6%、8.8%、11.2%；电力、热力生产和供应业增长9.7%。新动能产业发展势头良好，先进制造业增加值增长6.1%，其中，先进装备制造业增长7.6%，石油化工产业增长12.5%；高技术制造业增长3.2%，其中，航空、航天器及设备制造业增长31.5%，电子及通信设备制造业增长6.1%。分产品看，全省新能源汽车年产量达253万辆，增长83.3%，集成电路增长23.8%，光电子器件增长17.9%。

广东省坚持制造业当家，大力实施"大产业、大平台、大项目、大企业、大环境"五大提升行动，加快推进新型工业化。一是战略性产业集群规划进一步完善。修订20个战略性产业集群政策文件，编制5个未来产业集群行动计划，发挥"链长制"作用加强统筹协调，推动产业集群向纵深发展。2023年20个战略性产业集群实现增加值同比增长5.2%，占GDP比重达四成。二是以重大项目建设为主抓手加快重点产业布局。"清单管理、挂图作战"，推动63个计划总投资近9000亿元的50亿元以上制造业重大项目加快建设，省领导同志牵头联系服务的重大项目进展顺利。2023年全省工业投资同比增长22.2%，为2006年以来最快增速的一年。三是新能源汽车发展优势巩固提升。强化汽车产业"三纵、三横、三核"布局，实施汽车零部件产业"强链工程"，推动深汕比亚迪汽车工业园、中创新航江门基地、宁德时代肇庆工厂等项目建设。全国每4辆新能源汽车就有1辆是"广东造"。四是新型储能等产业发展提速。举办2023年能源电子产业大会暨广东新型储能产业发展高峰论坛，精准招引细分领域头部企业项目，全省新型储能产业链在建、已签约待建和在谈的重点项目171个。培育壮大硅能源产业，一批项目相继落地。五是食品工业在增长中持续向好。组织"粤食越好 粤品世界"食品工业提质升级专项和千百亿食品名片销售跃增专项，建设食品工业培育试点县，2023年以来规模以上食品工业销售产值、工业增加值增长表现优于规模以上工业平均水平。六是石化化工产业绿色安全发展加快。推动茂名石化升级改造、中海壳牌三期乙烯等重大项目开工建设，揭阳中国石油广东石化炼化一体化项目全面投产，成为国内一次性建设规模最大、可生产品类最全的炼化一体化项目。统筹开展化工园区建设与复核工作，完成24个省级化工园区认定。七是工业设计重点突破。开展工业设计粤东粤西粤北行专项行动，举办第十一届"省长杯"工业设计大赛及广东设计周系列活动，新培育10家国家级、71家省级工业设计中心，进一步提升广东制造"软实力"。

（三）推动产业协同融合发展

从"岭南衣、粤家电"到"5G、新能源"，从"传统贸易"到"数字经济"，广东在保持经济中高速发展的同时，持续推动产业结构优化升级，在保持实体经济国内领先水平的同时，正在向全球阵列加速攀升。广东围绕广东建设现代服务业强省目标，加快建设国际商贸中心、金融中心、教育医疗中心，以现代金融、科技服务、供应链服务、数据服务、会展和商贸服务等为主攻方向，坚持生产性服务业向专业化和价值链高端发展、生活性服务业向高品质和多样化升级，着力提高现代服务业的发展水平。从产业结构看，2023年广东三次产业结构比重为4.1：40.1：55.8，制造业增加值占地区生产总值比重达32.7%，现代服务业增加值占服务业比重达65%，金融业增加值突破1.2万亿元，规模以上工业企业超7.1万家、高新技术企业超7.5万家，均居全国首位，基本形成"三二一"的经济产业结构。

2023年，广东省服务业增加值同比增长4.7%。其中，住宿和餐饮业，信息传输、软件和信息技术服务业，租赁和商务服务业，交通运输、仓储和邮政业，金融业，批发和零售业增加值分别增长10.1%、9.1%、8.6%、

9.9%、7.1%、4.9%。一是推动生产性服务业向专业化和价值链高端发展。发挥创新资源和人才资源优势，依托人工智能与数字经济试验区等新一代信息技术产业集聚区，以及产业金融服务创新区、文创金融产业创新区等专业服务集聚区，大力发展产业金融、供应链管理、研发设计、科技服务、会展和商务服务等高端专业服务，培育具有国际影响力的服务企业，建设服务国内大循环、面向全球的生产服务中心。二是推动生活型服务业向高品质和多样化升级。围绕广东省内城市国际消费中心建设目标，以提升便利度和改善服务体验为导向，加快开发提升珠江文化旅游带，建设世界级滨水区，发展夜间经济，推进文体旅深度融合发展，加大健康、养老、家政、文娱、育幼服务等公益性基础服务供给，不断提升全市居民服务便利化水平。三是着力增强集聚资源、服务产业发展的调控能力。优化提升总部经济集聚区、互联网创新集聚区等总部经济核心区，提升产业带总部经济发展能级；继续引进一批世界500强企业、大型跨国公司和行业领军企业项目，积极引进国际性、区域性经济组织与国际机构。支持本地总部企业拓展全球市场，提升总部管理职能。加大对总部企业的支持力度，把总部经济头部企业纳入"链长制"支持体系，鼓励头部企业发挥"链长"作用，打造以总部企业为核心的区域产业链和创新链网络，提高产业链供应链现代化水平。

▼二、提升产业链供应链现代化水平

产业链现代化体现为科技创新能力的提高，数据、信息等新生产要素的运用，绿色发展方式的实现，是构建现代化产业体系、加快建成社会主义现代化国家的重要基础。因此，推进产业链供应链向高附加值延伸、促进产业链供应链现代化水平提升，对于加快建设实体经济、科技创新、现代金融、人力资源协同发展的现代产业体系尤为重要。

（一）构建粤港澳大湾区区域协同创新共同体

自粤港澳大湾区国际科技创新中心建设启动以来，广东省认真贯彻落实习近平总书记和党中央决策部署，坚决服从服务"一国两制"大局，坚持"中央要求、湾区所向、港澳所需、广东所能"，主动协同港澳，不断深化粤港澳科技创新规则衔接、机制对接，逐步加深三地合作，着力构建以企业为主体、以市场为导向、政产学研用金深度融合的产业创新体系，形成更高层次的产业链供应链发展机制。一是推动大湾区创新要素高效跨境流动。聚焦钱过境、人往来、税平衡、物流通等关键环节持续发力。在全国率先支持港澳机构申报省级科技计划项目。截至2022年底，全省科研经费跨境拨付累计超过3.7亿元。开展科研用物资跨境自由流动改革试点，探索"正面清单"等模式。向港澳开放共享中国（东莞）散裂中子源等一批重大科技基础设施。二是携手共建粤港澳科技创新平台。依托横琴、前海、南沙等重大平台促进三地合作，在横琴布局建设各类创新平台31家、前海集聚创新载体125家、南沙建成高端创新平台132家。推动广州实验室与香港中文大学签署战略合作协议，南方海洋科学与工程广东省实验室在香港设立分部。携手港澳建设20家粤港澳联合实验室，在河套建设粤港澳大湾区（广东）量子科学中心。三是支持三地创新主体开展联合科研攻关。实施科技创新联合资助计划，累计支持300多个项目，约3亿元。省重点领域研发计划、基础研究重大项目、省自然科学基金面上项目、青年提升项目以及深圳、珠海等专项向港澳开放。四是加快大湾区高水平人才高地建设。建成面向港澳的科技孵化载体超130家，在孵港澳创业团队和企业近1100个。广东承办的中国创新创业大赛（港澳台赛）带动3400多家港澳台企业来粤同台竞技，300多家港澳台企业落地广东。推进外国人来华工作许可、外籍和港澳台高层次人才认定，推动各地市设立"国际人才一站式服务专区"等。

目前，粤港澳大湾区已经形成广州—深圳、广州—佛山、深圳—东莞、香港—深圳、澳门—珠海等创新协同子群。广州拥有丰富的创新基础资源和科研成果；深圳拥有规模庞大的科技创新企业；东莞具有较强的科技成果转化能力；香港和澳门拥有雄厚的基础研究能力、较高的国际化高等教育水平以及强大的知识创新能力。科技部中国科技信息研究所发布的《国家创新型城市创新能力评价报告2021》显示，深圳和广州分列2021年国家创新型城市第一名和第三名。2022年，粤港澳大湾区各地区依托自身原有专业分工进行优势互补，建立"香港、广州知识创造—深圳知识转化—珠三角产品应用"协同融合创新体系，聚焦10个战略性支柱产业集群和10个战略性新兴产业集群，加快布局一批重大科技基础设施，创建一批国家级创新平台。粤港澳大湾区通过区域创新联动发展，进一步夯实了现代化产业体系发展根基，提升了产业链供应链韧性和安全水平。

（二）加速产业链供应链数字化转型

人类社会正在进入以数字化生产力为主要标志的数字经济时代，加快广东制造业数字化转型是顺应世界经济数字化转型时代潮流的必然要求，是贯彻落实习近平总书记和党中央决策部署的重大战略举措，也是提升产业链供应链自主可控能力，打造未来竞争新优势的迫切需要。目前，广东已经成为中国数字经济最活跃的地区之一。

从总量上看，广东数字经济规模持续扩大，成为赋能经济高质量发展的新动能。2021年，广东数字经济增加值规模达5.9万亿元，连续5年位居全国首位。数字经济增加值占GDP比重达47.43%，成为推动经济增长的重要动能。在数字经济指数上，广东也始终名列前茅，并保持绝对优势。2021年，广东数字经济发展指数为15737.95点，比全国指数高180.50%；广东数字产业化指数为8248.94点，比全国高111.22%。在产业数字化方面，广东全力推进制造业数字化转型，截止到2020年产业数字化增加值规模约3.47万亿元，累计有超2万家规模以上工业企业进行数字化转型，有60余万家中小微企业"上云用数赋智"。自2016年，广东连续5年举办中国工业互联网大会，打造制造业数字化领域"广交会"，加速新型工业化进程。在数字产业化方面，2021年广东数字产业化增加值规模达到1.73万亿元，数字经济高新技术企业达到2.2万家。数字经济四大核心产业[①]增加值由2016年的10017.74亿元增长至2020年的14288.16亿元，占GDP比重由12.2%上升至12.9%。2022年，广东进一步确定"2221"总体数字化发展模式，即数字产业化和产业数字化的两大核心、数据资源和数字技术的两大要素、核心基础数字产品和新型数字基础设施的两大基础、数字政府改革建设和服务支撑体系的一个保障体系。[②]2022全年，广东数字经济增加值达到6.4万亿元，占全国数字经济增加值比重达12.8%，总量连续6年居全国首位。广东数字经济占地区生产总值比重达49.7%，成为助推广东经济高质量发展的核心引擎。

从内部结构看，数字经济核心产业结构持续优化，新业态蓬勃发展。在数字经济四大核心产业中，计算机、通信和其他电子设备制造业仍然是广东龙头产业，2021年实现增加值9174.97亿元，与2016年相比增加1970.2亿元，年均增速4.48%。信息技术服务业迅速发展，截止到2021年末，

[①] 数字经济四大核心产业包括计算机、通信和其他电子设备制造业，电信、广播电视和卫星传输服务业，互联网及其相关性服务业，软件和信息技术服务业。《广东统计年鉴（2021）》分类口径将电信、广播电视和卫星传输服务业，互联网及其相关性服务业，软件和信息技术服务业合并为信息传输软件和信息技术服务业。

[②] 《广东省数字经济发展指引1.0》，广东省工业和信息化厅网2022年7月5日。

广东拥有信息传输、软件和信息技术服务业企业5338家，较2013年增长239.1%。以腾讯、网易、前海新之江、酷狗、虎牙为代表的一大批重点企业不断诞生、崛起、成长壮大，为广东产业数字化转型升级提供有利条件和蓬勃动力。

从城市发展看，从数字产业规模、数字创新活跃度、数字设施基建、数字产业链四大维度，全面对比大湾区"9+2"城市数字经济发展水平，可以划分出四个城市梯队。其中，广州、深圳发展成为粤港澳大湾区乃至全国数字化程度水平最高的数字城市；东莞、佛山新晋成为湾区数字经济次核心城市；珠海、惠州数字经济综合水平次之，处于湾区数字经济建设二线城市；中山、江门、肇庆数字经济综合建设情况位于湾区城市三线水平。此外，香港数字经济规模超千亿港元，汇集众多一流高校及技术研究机构，并出台多项政策支持打造"数字湾区"。澳门数字经济产业仍处于发展初期，产业规模尚小，基础设施建设不足，创新能力有待提升。在新一代信息技术、智能机器人、软件与信息技术服务、智能网联汽车等重点产业赛道上，大湾区九市发展水平不一。深圳在新一代电子信息领域领先优势明显，东莞在智能终端制造方面龙头企业集聚。凭借产业总产值和优质企业数量优势，深圳独占智能机器人产业第一梯队，广州、东莞、佛山次之。在软件与信息技术服务领域，深圳、广州两个中国软件名城拥有的优质企业数量远超大湾区其他城市。广州依托雄厚的汽车产业集群基础抢抓先发机遇，领衔大湾区智能网联汽车发展，优质企业数量占大湾区比例达42.97%；深圳在智能网联汽车零配件及自动驾驶技术领域表现优异，优质企业数量占大湾区比例达29%。

（三）形成以产业链供应链现代化为导向的产业政策

针对市场主体面临的原材料成本上升、市场需求不足、产业链供应链受阻等困难，广东全面推进"链长制"，加大对实体经济支持力度，支持大中小企业融通产业集群发展。《2021年广东省政府工作报告》首提"链长制"，要求"培育一批控制力和根植性强的链主企业和生态主导型企业，打通研发设计、生产制造、集成服务等产业链条，构建核心技术自主可控的全产业链生态"。各地市按照省的要求，因地制宜地出台了有关"链长制"的政策措施（见表4-1）。"链长制"主要围绕数字经济、人工智能、量子通信等未来产业发展，推进"建链"工作，分行业打造一批控制力和根植性强的链主企业和生态主导型企业，协调推进产业集群龙头企业、重点项目和重大平台等的培育建设。如广州市全面实施"链长"和"链主"的双链式"链长制"，深圳推动产业链、创新链、人才链、教育链"四链融合"，江门市构建"一链长、一专班、一产业、一体系、一抓到底"的工作机制。"链长制"的全面推进，为指导建立和完善战略性产业集群"五个一"工作体系提供了有力保障，可帮助战略性产业集群及时解决人才、土地、资金、技术、数据等关键资源要素供给不足问题，协调解决资源配置和政策支持问题。

表4-1 广东各级政府出台的"链长制"相关文件

文件名称	主要内容
《2021年广东省政府工作报告》	探索实施"链长制"，培育一批控制力和根植性强的链主企业和生态主导型企业
《广东省战略性产业集群联动协调推进机制》	以省长、制造强省建设领导小组组长为"总链长"，省领导定向联系负责 20 个战略性产业集群
江门市《关于发挥"链主"企业带动作用促进"5+N"产业集群加快发展的政策措施》	对评定的"链主"企业每家给予不高于1000万元奖励
《广州市构建"链长制"推进产业高质量发展的意见》	针对智能网联与新能源汽车、绿色石化和新材料、现代高端装备等21个产业规模实力强、产业链条完善、龙头企业支撑突出、发展空间大的产业，建立"链长+链主"的工作推进体系

（续表）

文件名称	主要内容
《中山市关于实施重点产业链链长制的工作方案》	按照"一位市领导、一个牵头部门"工作模式推进产业链发展，各负责部门按照"一条产业链、一位部门负责同志、一位科室负责同志、一个工作方案"模式推进相关工作

2023年，广东全面落实国家组合式税费支持政策，及时出台"金融支持实体经济25条""支持中小企业和个体工商户25条"等系列助企惠企政策，深入开展重点企业服务活动，推动政策应享尽享、资金直达快享，全年退税减税缓税降费高达4656亿元，力度历年最大，以真金白银帮助企业纾困发展、渡过难关。出台"稳工业32条及增量政策"，全力抓好投资50亿元以上制造业项目，实施产业链供应链韧性提升行动，"一链一策""一企一策"解决问题，粤芯二期、瑞庆时代、广汽自主品牌20万辆新能源汽车扩产、华星光电T9生产线、中石油广东石化炼化一体化等项目建成投产。粤芯三期、华润微电子、增芯科技传感器等集成电路重大制造项目获批建设，"广东强芯"工程深入推进，向打造中国集成电路第三极迈出坚实步伐。新增国家级制造业单项冠军企业47家、国家专精特新"小巨人"企业447家，推动1万家企业"小升规"、超过9000家工业企业开展技改，工业投资增长12%。工业经济顶住了冲击，展现出强大的产业韧性和发展实力。

▼三、优化产业区域布局

产业转型升级需要对空间体系进行合理规划，以实现产业空间载体的不断优化调整，充分利用各个地区的优势，形成分工合理的产业空间布局体系，满足区域产业体系现代化发展的需要。广东充分利用粤港澳大湾区建设的重大机遇，将区域城市合作作为实现产业转型升级的有效途径，进一步深化创新金融、现代物流、信息服务、科技创新和现代服务等领域的合作，探索区域内不同城市在产业互补、合作方面的新机制、新模式、新途径。同时，加快推进区域协调发展总体规划、城镇群协调发展规划、交通和产业一体化规划等的编制工作，促进区域产业分工布局合理化，提高产业合作的国际化水平。

（一）增强产业集群发展的整体性和协同性

立足粤港澳大湾区，广东不断增强区域产业协调发展。珠三角城市群产业布局优化提升，粤东粤西粤北产业园区扩容提质。深圳、广州、东莞、佛山等地发挥人才、资本等资源优势，着力发展高端制造业。珠三角城市群产业趋向高端化，空间呈现"圈层+轴带式"格局。珠三角的产业在向粤东粤西粤北转移的同时，其自身的布局得到优化，特别是珠三角中心城市发挥了创新引领、辐射带动作用。其中，珠三角城市群生产性服务业高度集中在内圈层的核心城市，广州、深圳、珠海依托粤港澳大湾区的南沙、前海、横琴三大国家级新区打造现代服务业新高地。技术、资本密集型产业向内圈层的中心城市集聚，以广州为代表的资本技术密集型的汽车制造业优势凸显，IAB（新一代信息技术、人工智能、生物医药）产业加紧布局；深圳、东莞和佛山集中布局了新一代信息技术产业、智能制造、电子设备制造、电气机械设备制造等专业化程度高、技术密集的制造业。外圈层的江门、惠州和肇庆等城市则接受内圈层中心城市的技术溢出，提升机械、石化、金属制品、建材等传统产业的层次，发展智能装备制造、轨道交通设备、新材料等新兴制造业，同时利用优越的生态本底和农业资源，发展旅游度假休闲产业。在产业集聚程度上，现代服务业工程

主要分布在佛山（22.8%）、惠州（12.6%）和广州（9.8%）；新一代信息
技术工程主要分布在惠州（22.5%）、东莞（22.5%）和广州（10.8%）；
高端装备制造主要分布在佛山（16.8%）、东莞（16.0%）和惠州（16.
0%）；绿色低碳产业工程近九成分布在珠三角。（见图4-1）

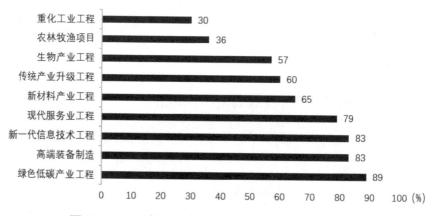

图4-1　2022年广东九大产业类型在珠三角布局情况

资料来源：林泳希等：《2022版珠三角产业地图来了，看七大产业如何落子》，《南
方都市报》2022年3月31日。

　　粤东粤西的诸多城市以产业合作园区为载体，高质量承接珠三角产
业链条，使得广东区域产业协调发展。为了更好地把珠三角的先进生产力
引向粤东粤西粤北，珠三角与粤东粤西粤北地区需要适应产品内分工的趋
势展开产业共建，推动同等水平的产业链跨区域布局与空间位移。自2017
年，全省共设立省级产业转移工业园和产业集聚地87个，引导254个超亿
元工业项目落户共建产业园，实现规模以上工业增加值2415.2亿元，税收
535.9亿元，规模以上工业增加值占粤东粤西粤北地区工业增加值比重达
30.5%，有力推动了粤东粤西粤北加快工业化进程。珠三角地区通过"腾
笼换鸟"引进更加高端的产业（产品），形成新的核心竞争力，与粤东粤
西粤北地区形成"头脑产业"和"躯干产业"的分工。而粤东粤西粤北地

区的要素资源与所承接的珠三角地区优质企业、技术、项目、管理等资源的结合则会产生新的比较优势，为经济发展注入了强大动力。在实践中，粤东粤西粤北与珠三角形成不同地区在相同技术水平下分工协作来生产同一种产品，根据产业项目、企业功能、产业链条的分布特点，初步形成"总部+基地、集成+模块、龙头+配套、孵化+产业化"等四种共建模式，成为全省区域协调联动发展的示范样本，为全国推动"飞地经济"发展树立了新标杆。

（二）推进粤港澳大湾区产业全链条合作

横琴、前海、南沙是粤港澳合作的三个重大平台，在粤港澳大湾区建设中都肩负着深化改革、扩大开放、促进合作的试验示范作用，是拓展港澳发展空间、支持港澳更好融入国家发展大局的重要载体。广东按照规划部署，加快推进面向世界的粤港澳全面合作，将横琴、前海、南沙三个合作区建设一体推进落实，推动三个重大平台按照各自功能定位，各展所长、相辅相成、相得益彰。

创新联动，协同建设国际科技创新中心。依托广深港、广珠澳科技创新走廊建设，高水平建设南沙科学城、中国科学院明珠科学园等重大创新载体，推进重大科技基础设施、科研仪器设备、科技成果等区域共建共享。完善产学研跨境合作机制，合作实施一批重大科技攻关项目，联合港澳参与国际大科学计划和工程，主动融入全球创新网络。发挥南沙国际化人才特区优势，探索实行更大力度的国际高端人才引进政策，推动国际化高端人才集聚，携手打造大湾区高水平人才高地。

产业联动，协同构建高水平现代产业体系。立足重大平台资源禀赋和比较优势，推动优势产业和龙头企业布局落户，联合开展引资引智引技，打造紧密协作的产业链创新链供应链。把重大平台作为培育发展战略性产业集群的重要载体，布局建设智能制造、集成电路、数字经济等新兴产业，推动大湾区产业迈向全球价值链中高端。

战略联动，协同引领区域协调发展新格局。推动重大平台的战略对接和发展联动，牵引广州、深圳"双城联动、比翼双飞"，强化与佛山、东莞、中山等周边城市基础设施、产业发展、社会治理等方面对接融合，推进大湾区珠江口一体化高质量发展试点，带动环珠江口打造"黄金内湾"。建立健全联动传导机制，强化重大平台枢纽功能、通道优势、链接作用，辐射带动沿海经济带和北部生态发展区加快发展，为推动广东构建"一核一带一区"区域发展格局提供强有力支撑。

（三）增强参与国际产业分工能力

广东作为改革开放前沿，是中国外贸第一大省。广东持续以高水平开放促进深层次改革，推动高质量发展，外贸进出口实现较快增长，规模再创新高、质量稳步提升。

贸易结构持续优化。2023年，广东出口总额稳居全国第一，下半年增速表现优于全国。2023年1—10月广东出口金额4.5万亿元，占全国出口总额的23.0%，较去年同期上升0.5个百分点。下半年出口增速回升，并反超全国平均水平，1—10月累计同比增长2.5%（以下同比增速均为人民币口径），高于全国均值（0.4%）2.1个百分点，不及浙江（4.3%），但优于山东（2.4%）、江苏（-4.7%）。广东出口表现呈现"双新发力"特点，从出口商品来看，前10个月机电产品（占广东出口额的65.4%）出口增速有所放慢，但"新三样"产品出口继续保持高位增长，电动载人汽车、锂电池、太阳能电池出口累计同比分别增长4倍、18.4%、29.2%。从出口目的地来看，对东盟（5.5%）和中国台湾地区（10.1%）出口保持正增长，对欧盟（-1.8%）、美国（-4.8%）和中国香港地区（-0.4%）出口回落，与新兴市场的贸易往来日趋活跃，对拉美、中东、非洲等地区进出口总额同比增长8.8%、8.6%和7.4%，对"一带一路"共建国家增长1.5%。外贸结构转型升级特征较明显，一般贸易出口占比逐年上升，前10个月一般贸易出口金额同比增长10.9%，占比较2022年同期上升4.8个百分点至62.4%。

企业国际竞争力显著增强。从企业角度来看，广东是全球制造业基地，家电、电子信息等产品产量全球第一。2022年8月发布的《财富》世界500强榜单中，中国共有145家公司上榜，其中广东省制造业企业有7家，与2021年相比，比亚迪股份有限公司于2022年首次上榜。[①]同时，广东省制造业500强企业出口占比较高（见表4-2），国际市场话语权逐步提升。

表4-2 2022年广东制造业500强企业出口占比情况

出口营业额占比区间	企业数量（家）	企业数量占比（%）
>50%	109	21.8
30%～50%	51	10.2
10%～30%	82	16.4
5%～10%	28	5.6
0%～5%	110	22.0
0（无出口营业额）	120	24.0

资料来源：《2022年广东省制造业500强企业研究报告》。

国际营商环境持续改善。要实现广东产业高质量发展，必须通过优化国际营商环境，推动更多企业走出去参与国际竞争，建设世界一流企业，以竞争促发展。广东不断稳步扩大规则、规制、管理、标准等制度型

① 《〈国资报告〉独家解读2022年度〈财富〉世界500强上榜国企名单》，澎湃新闻网2022年8月3日。

开放，为企业创造一个与国际接轨的制度环境与市场环境，引入更多高水平国际企业，在更加激烈的国际竞争环境中，促进广东制造业高质量发展。RCEP签署为广东企业开拓全球市场带来了巨大的机遇。粤港澳大湾区城市群将通过极点带动实现优势互补，对标RCEP货物、服务、数字、离岸、绿色贸易发展高水平打造现代综合枢纽，拓展与贸易伙伴国间的双向投资联系，提升广东在共建"一带一路"国家和地区的影响力，助推广东加工贸易企业参与全球价值链竞争，提高中间品的加工生产能力，提升广东在全球价值链中的地位。此外，"双循环"新发展格局战略思想的提出，以及《横琴粤澳深度合作区建设总体方案》《全面深化前海深港现代服务业合作区改革开放方案》《广州南沙深化面向世界的粤港澳全面合作总体方案》的相继发布，将粤港澳大湾区合作推上了新的台阶，有助于广东与港澳规则衔接、机制对接，推动服务贸易自由化，提高金融业对外开放水平，为广东外向型经济发展提供更大的窗口和更广阔的平台。

国内外科技合作交流持续拓展。广东持续推进与创新型国家和共建"一带一路"国家的双边、多边交流合作，积极推动在广东联合设立技术转移中心、研究院，组织实施产业研发合作项目，开展科技交流与合作。成功举办首届大湾区科学论坛，协助举办第20届亚洲科学理事会。推动粤港澳科技创新协同发展，粤港、粤澳科技创新联合资助项目量质齐升。积极开展省际区域科技合作，粤琼、粤桂等泛珠三角区域科技合作成效显著。在科技创新驱动下，省内产业、企业规模不断扩大，国际竞争力显著提升。

发展战略性新兴产业，培育新动能新优势

CHAPTER 5

战略性新兴产业是新阶段引领国家未来发展的重要力量，是构建现代产业体系的主方向、主阵地和主力军。2024年1月31日，习近平总书记在主持二十届中共中央政治局第十一次集体学习时指出，要及时将科技创新成果应用到具体产业和产业链上，改造提升传统产业，培育壮大新兴产业，布局建设未来产业，完善现代化产业体系。广东省作为改革开放的排头兵、先行地、实验区，在中国式现代化建设的大局中地位重要、作用突出，要在建设现代化产业体系方面继续走在全国前列。2023年4月，习近平总书记在广东考察时强调，广东要始终坚持以制造业立省，更加重视发展实体经济，加快产业转型升级，推进产业基础高级化、产业链现代化，发展战略性新兴产业，建设更具国际竞争力的现代化产业体系。可见，发展战略性新兴产业是广东省构建现代化产业体系的重中之重，是加快形成新质生产力、培育发展新动能、促进经济高质量发展的重要举措。

▼ 一、全力构筑产业体系新支柱

战略性新兴产业是指以重大技术突破和重大发展需求为基础，对经济社会全局和长远发展具有重大引领带动作用、成长潜力巨大的产业。2008年全球金融危机后，各国大力发展新兴产业，以抢占产业发展制高点，提升国际竞争力。2010年，我国发布《国务院关于加快培育和发展战略性新兴产业的决定》，其后印发《"十二五"国家战略性新兴产业发展规划》和《"十三五"国家战略性新兴产业发展规划》，进一步明确发展战略性新兴产业的必要性和重要性。根据2018年国家统计局颁布的《战略性新兴产业分类（2018）》，战略性新兴产业主要是新一代信息技术、高端装备制造、新材料、生物、新能源、新能源汽车、节能环保、数字创意及相关服务九大领域。

广东作为经济大省，拥有丰富的科技创新资源和雄厚的科技创新实力，对于大力发展战略性新兴产业、培育中国高质量产业体系有着重要的作用。广东省全面落实国家战略部署，先后出台《广东省战略性新兴产业发展"十二五"规划》和《广东省战略性新兴产业发展"十三五"规划》，大力培育发展战略性新兴产业。为催生新质生产力和实现更高质量发展，"十四五"期间，广东将顺应科技与产业发展变革的时代要求，积极抢占新一轮科技革命和产业变革制高点，着力培育新经济新动能，着力实现战略性新兴产业跨越攀升。

（一）战略性新兴产业稳步增长

自2010年国家提出加快培育和发展战略性新兴产业以来，我国战略性新兴产业发展取得显著成效，发展规模实现质的飞跃，在凝聚创新资源和优化产业结构方面发挥了重要作用。

产业规模和增速持续增长。党的十八大以来，我国新一代信息技术、生物、高端装备制造、新材料、新能源、节能环保和数字创意等战略性新兴产业发展迅速。"十三五"前四年，战略性新兴产业增加值占GDP比重从8%左右提高到11.5%[①]，2022年该占比已超过13%[②]，有效支撑了我国

---

① 《"十四五"规划〈纲要〉章节指标2|战略性新兴产业增加值占GDP比重》，国家发展和改革委员会网2021年12月25日。

② 《从业界新变化看战略性新兴产业的2023年》，国家发展和改革委员会网2024年1月16日。

新旧动能接续转换，成为完善现代产业体系建设的有力抓手。作为工业强省，2023年，广东规模以上工业企业营收突破18万亿元、规模以上工业增加值突破4万亿元，高技术制造业、先进制造业占规模以上工业增加值比重分别达29.4%、55.7%。广州市和深圳市作为粤港澳大湾区两个核心城市，在区域经济中发挥着重要作用。两个城市在持续推进传统优势产业改造升级的同时，集中力量做大战略性新兴产业，前瞻布局未来产业，使战略性新兴产业成为经济增量的主力军。根据2024年最新发布的政府工作报告，广州市战略性新兴产业增加值占地区生产总值的30%以上，而深圳市战略性新兴产业增加值增长8.8%，占地区生产总值比重提高到41.9%，远高于全国平均水平。

企业规模不断壮大。过去十余年，广东省战略性新兴产业快速发展，企业规模不断增加。根据企查查数据库不完全数据统计，截至2023年，广东省战略性新兴产业相关企业数量约为190万家，其中以新一代信息技术、新材料和高端装备制造为主，企业数量分别达到68万、52万和26万家。[①]根据万得（WIND）数据库统计，截至2023年12月31日，全国共有1598家战略性新兴产业A股上市公司，如图5-1所示，广东省拥有317家，位居全国首位，占全国战略性新兴产业上市公司的比重约为20%，其次为江苏省264家，浙江省拥有209家，排在第三位。

根据所处行业分布来看，广东省战略性新兴产业上市公司以新一代信息技术产业为主，共有146家，占比46%，其次分别为高端装备制造产业和新材料产业，分别占比15%和12%，其他行业占比均低于10%。

战略性新兴产业发展效益持续提升。2019年起，中国企业联合会、中国企业家协会开始发布中国战略性新兴产业领军企业100强榜单，并同步

---

① 《"粤省情"发布〈广东新质生产力2023发展调研报告〉》，经济网2024年2月20日。

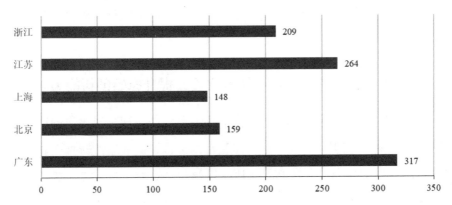

图5-1 2023年主要省份城市战略性新兴产业上市公司数量（单位：家）
数据来源：万得数据库。

披露百强企业战略性新兴业务总收入（下称"战新业务收入"）。图5-2
统计了2019—2023年广东省上榜企业数量和战新业务收入情况，广东省每
年均有接近20家企业上榜，其中华为、TCL、创维、海王集团、广东省建
筑工程集团有限公司、深圳市信利康等6家企业连续5年均上榜，另有6家
企业连续4年上榜，各5家企业连续3年或两年上榜，说明广东省企业战略
性新兴业务发展实力强、稳定性好，始终位居全国前列。上榜企业战新业
务收入总额合计不断增长，由2019年的12000亿元提高到2023年的19000

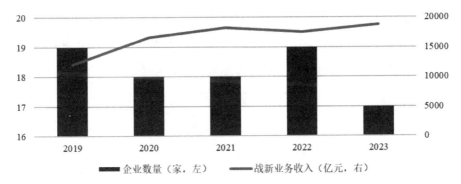

图5-2 广东省上榜中国战略性新兴产业领军企业100强榜单企业情况
数据来源：根据公开数据整理。

亿元左右，增加了7000亿元，可见近5年广东省企业战略性新兴业务快速发展。

（二）持续推进关键核心技术攻关，提升原始创新能力

进入新发展阶段，我国国内外发展环境也经历着深刻变化。近年来，虽然我国战略性新兴产业发展取得了长足的进步，但战略性新兴产业的本质是高研发、高技术。[①]随着高新技术孕育的新动力、新模式和新产业的不断创新发展，现有战略性新兴产业依然面临着创新能力不足、关键核心技术受制于人等诸多问题。中国战略性新兴产业中的"短板"包括信息技术、数控机床和机器人、航空航天装备、海洋工程装备及高技术船舶、先进轨道交通、节能与新能源汽车、电力装备、农业装备、新材料、生物医药及高性能医疗器械等。大部分领域还是采用"引进、消化、吸收"的模仿式创新发展路径，而通过原始创新引领产业发展的能力不足。

习近平总书记指出，"科技创新能够催生新产业、新模式、新动能，是发展新质生产力的核心要素"。党中央不断强调要坚持创新在国家现代化建设全局中的核心地位，把"科技自立自强"作为国家发展的战略支撑，这是我国在复杂的国际和国内形势下，面对多个关键技术领域遭遇"卡脖子"问题作出的战略回应。新一轮科技革命方兴未艾，正在推动世界经济结构、产业结构、国际分工发生深刻变革，全球产业链、供应链、创新链、价值链深刻重组，为广东省布局有基础、有特色的战略性科技研发，培育战略性新兴产业发展新优势，提供了历史契机。

首先，要"补短板"，加快核心技术攻关，探索举国创新体制的"广东路径"。一方面，启动实施核心软件攻关工程、"强芯工程"和"璀璨

---

① 陈宪：《战略性新兴产业发展态势探究》，《人民论坛》2023年第21期。

行动"，改变广东电子信息产业"缺芯"的现状。大力推进核心软件攻关工程，加快构建以企业为主体、"企业—高校/科研院所"相互协同的创新联合体，加大创新投入，开展核心技术攻关，集中突破战略性新兴产业中的"卡脖子"技术问题，打造产业新业态。积极推进广东"强芯工程"，布局一批核心技术项目，在5G、AI、超高清视频和汽车芯片等领域打破技术瓶颈。谋划实施显示制造装备"璀璨行动"，重点在TFT共性装备、柔性显示关键装备、Micro-LED工艺装备等领域攻克一批核心装备及核心技术。另一方面，持续实施广东省重点领域研发计划。聚焦宽带通信和新型网络、芯片与软件、高端装备等领域加强核心技术攻关，在动力核心部件、燃料电池系统、电池关键材料等新能源汽车领域突破一批核心技术。部省联动实施"宽带通信和新型网络""合成生物学"重点专项，新启动"新型显示与战略性电子材料"等专项，持续探索央地协同攻克核心技术的新机制、新模式。

其次，要"促长板"，把握创新主动权，强化战略科技力量。"十二五"和"十三五"期间，广东围绕战略性新兴产业重点领域，出台了一系列产业专项政策，初步形成了一批具有竞争优势的战略性新兴产业集群，比如广州市生物医药与健康产业表现突出，构建起上游技术研发、临床试验，中游转化中试、生产制造，下游上市应用、流通销售的完整产业链。2020年，生物医药集聚上下游企业5500多家，增加值超千亿元，占地区生产总值比重超过5%，成为地区新的支柱产业。①发挥现有技术优势，掌握创新主动权，在事关国家安全和发展全局核心领域，加强原创性引领性科技攻关。一是要加快完善实验室体系建设，积极推动"鹏城云脑Ⅱ"重大科学设施上线运行，支持省实验室积极承担重大科技任务，推动新建一批省重点实验室。二是要建设重大科技基础设施集群，加快推进在

---

① 《千年商都"吸金体质"如何炼成》，广州市人民政府门户网站2021年3月30日。

建大科学装置建设，为综合性国家科学中心提供重要平台支撑。三是要大力建设重大技术创新平台，不断完善以粤港澳大湾区国家技术创新中心为核心，包括国家新型显示技术创新中心和国家第三代半导体技术创新中心两家国家领域类技术创新中心、国家耐盐碱水稻技术创新中心华南（湛江）分中心。

最后，要"强基础"，增强基础与应用基础研究。聚焦产品研发"根技术"，实施基础研究十年"卓粤"计划，增加源头技术供给，实现更多"从0到1"的突破，壮大产业发展动力引擎。完善基础研究投入机制。稳步增加基础研究财政投入，通过税收优惠等多种方式激励企业加大投入，鼓励社会力量设立科学基金、科学捐赠等多元投入，采用"长线投资"方式，加强基础研究平台建设，长期规划布局芯片、软件、显示装备、新型储能、海洋科技等科研项目，鼎力提升原始创新能力，形成研发投入的稳定性机制。建立和完善基础研究运行机制。对基础研究优势显著的高校和科研院所进行长期、稳定的资助，探索试点10到20年长周期项目支持。支持科研人员聚焦重点领域和关键问题自由选题、自由探索。支持科研人员开展跨学科、跨领域、跨团队交叉研究合作。[1]

（三）大力支持龙头企业快速发展，发挥引领示范作用

2021年7月30日，中共中央政治局召开会议，提出要强化科技创新和产业链供应链韧性，加强基础研究，推动应用研究，开展补链强链专项行动，加快解决"卡脖子"难题，发展专精特新中小企业。习近平总书记多次强调要支持专精特新企业发展、促进中小企业专精特新发展，要"着力在推动企业创新上下功夫，加强产权保护，激发涌现更多专精特新中小企

---

① 盛朝迅：《高水平科技自立自强的内涵特征、评价指标与实现路径》，《改革》2024年第1期。

业"，"推动互联网、大数据、人工智能同产业深度融合，加快培育一批专精特新企业和制造业单项冠军企业"。党的二十大报告指出，"支持专精特新企业发展，推动制造业高端化、智能化、绿色化发展"。这为专精特新企业迈向高质量发展之路指明了新的方向。

专精特新企业对激发创新创业活力，稳定产业链供应链，推动产业高端化、智能化、绿色化发展具有重要的支撑作用。广东省不断出实招、举实措，提供全方位服务，厚植企业成长沃土。表5-1总结归纳了广东省

表5-1　广东省专精特新中小企业扶持政策主要内容

支持维度	主要内容
资金支持	◆ 认定奖励：根据企业认定情况直接给予现金奖励，奖励额度20万—200万元不等 ◆ 服务补贴：发放创新券、服务券等间接补贴 ◆ 奖补资金：用于创新和研发投入、技术成果产业化应用、数字化网络化智能化改造、促进上市融资等方面 ◆ 科技金融：通过专精特新贷、专精特新专板、投资风险补偿等科技金融手段，引导社会资本为专精特新企业提供金融支持
数字赋能	◆ 加大财政资金支持力度，建设一批国家级和省级中小企业数字化转型城市试点，推动打造省制造业数字化转型促进中心，提供数字化转型一站式公共服务，降低中小企业的转型成本和门槛
人才支持	◆ 高校、国央企、人力资源服务机构等主体从人才招引与培育两方面发力，为专精特新企业夯实人力、智力基础
市场开拓	◆ 加强市场宣传助力企业拓展B端、C端市场 ◆ 加大政府采购力度拓展专精特新企业G端市场
精准对接	◆ 企业宣传：通过征集发布典型企业、举办论坛、开通直播等形式，宣传专精特新企业典型案例 ◆ 公共服务平台建设：链接区域范围内各小微双创基地及中小企业公共服务示范平台，通过政府购买服务等形式，引导市场化服务机构通过平台提供专精特新企业专属产品/服务

资料来源：根据广东省工业和信息化厅、中华人民共和国工业和信息化部资料整理。

专精特新"小巨人"企业扶持政策的主要内容，广东省主要从资金支持、数字赋能、人才支持、市场开拓、精准对接等维度，积极培育创新型中小企业，推动专精特新企业高质量发展。2020年1月，广东省工业和信息化厅出台《广东省工业和信息化厅专精特新中小企业遴选办法》，启动广东省专精特新中小企业认定工作。2021年9月，广东省工业和信息化厅出台《广东省工业和信息化厅关于下达2021年中央财政资金支持"专精特新"中小企业服务项目安排计划的通知》，共下达2800万元资金，支持19家机构为"专精特新"中小企业提供服务。2022年上半年，广东又出台了"助企25条""稳工业32条"等一系列政策措施，实施减税降费、企业提质增效、产业链供应链韧性提升等行动。与此同时，各地市多措并举支持中小企业培育创新，引导企业向专精特新发展。2022年8月，广东省工业和信息化厅发布《广东省优质中小企业梯度培育管理实施细则（试行）》（征求意见稿），明确了优质中小企业由创新型中小企业、专精特新中小企业、专精特新"小巨人"企业3个层次、梯度衔接组成。在融资方面，2022年4月，广东省工业和信息化厅与中国银行广东省分行开展支持专精特新企业融资服务行动计划。同年5月，专精特新企业政银合作的"朋友圈"又扩容至中国建设银行广东省分行。这两次政银合作为全省专精特新企业量身打造一系列融资服务产品，并将分别带来总授信额度1000亿元、2000亿元的融资支持。2023年9月，《广东省人民政府办公厅关于印发广东省推动专精特新企业高质量发展指导意见的通知》发布，进一步支持专精特新企业高质量发展。在各方合力下，广东构建优质企业梯度培育体系的步伐正在加快："十四五"期间，广东全省将推动培育10万家创新型中小企业、1万家专精特新中小企业、1000家专精特新"小巨人"企业。

专精特新企业是在生产、创新、管理等方面综合表现突出的一批中小企业，具有专业化、精细化、特色化、新颖化的特征，主要包括专精特新中小企业、专精特新"小巨人"企业和制造业单项冠军企业。专精特新企业是中小企业的"领头羊"，也是未来行业领军企业的生力军，已成为落实创新驱动发展战略的关键载体，成为提高产业链供应链创新链稳定性和竞争力的坚实保障，成为经济新增长点的重要来源。工业和信息化部于2018年开展专精特新"小巨人"企业培育工作，并于2019年开始公布专精特新"小巨人"企业名单，广东省工业和信息化厅也于2020年开始公布专精特新中小企业名单。广东省工业和信息化厅的数据显示，截至2023年，广东累计培育创新型中小企业超4万家、专精特新中小企业超1.8万家。2023年7月14日，工业和信息化部公示了全国第五批专精特新"小巨人"企业认定名单，广东省有658家企业入选，累计培育超1500家，数量从全国第二跃居全国第一。2019年工业和信息化部公布了248家国家级专精特新"小巨人"，其中广东省共有22家，占当年全国的8.8%。近年来，广东省国家级专精特新"小巨人"数量稳步增长，截至2023年，广东省共有658家专精特新"小巨人"企业，数量创历史新高，是2019年的30倍之多，占当年全国的18%。其中，328家深圳市专精特新"小巨人"企业由深圳中小企业主管部门进行公示。图5-3统计了2019—2022年广东省专精特新中小企业专利申请数量。近年来，广东省专精特新中小企业专利申请数量稳中有升，2019年共计有657项，2022年达到14670项，其中发明专利数量提升明显。

发展制造业单项冠军企业是我国推进新型工业化和迈向制造高端化的必由之路，是推动产业基础高级化、产业链现代化的关键力量。制造业单项冠军，是指长期专注于制造业某些特定细分产品市场，生产技术或工艺

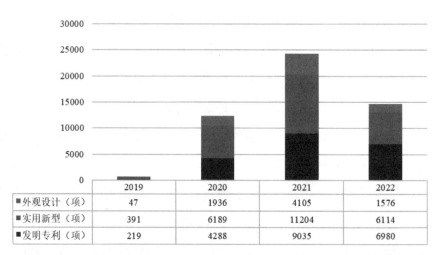

	2019	2020	2021	2022
■外观设计（项）	47	1936	4105	1576
■实用新型（项）	391	6189	11204	6114
■发明专利（项）	219	4288	9035	6980

图5-3　2019—2023年广东省专精特新中小企业专利申请数量
数据来源：国泰安（CSMAR）数据库。

国际领先，单项产品市场占有率位居全球前三名的企业。制造业单项冠军包括单项冠军企业和单项冠军产品两类，2016年起，工业和信息化部启动制造业单项冠军遴选工作，先后公布七批次共593家国家级单项冠军示范企业及590个国家级单项冠军产品。从第一批名单上仅有6家广东企业，到最新第七批名单共上榜16家企业、31个产品，广东制造业单项冠军数量一路稳步上升。目前，广东共有53家企业、79个产品入选，分别位于深圳、广州、佛山、珠海、东莞、中山、潮州、江门、惠州、云浮、肇庆11个地市。2022年，广东省工业和信息化厅公布了103家省级制造业单项冠军示范企业和148个省级制造业单项冠军产品；2023年，85家企业入选省级制造业单项冠军示范企业。

（四）不断深化国际交流与合作，增强国际竞争力

2011年9月，商务部联合国家发展和改革委员会、科技部等十部委发布《关于促进战略性新兴产业国际化发展的指导意见》，强调加快培育和

发展战略性新兴产业的重要性，并明确指出国际化是培育和发展战略性新兴产业的必然选择。党的十八大以来，我国战略性新兴产业深化开放合作，形成了发展新局面。第一，积极构建全球创新发展网络。积极开展多边国际合作，在二十国集团（G20）、金砖国家、亚太经济合作组织等多边框架下，继续倡导"新工业革命"和"数字经济"等理念，初步建立起合作创新国际框架。科学技术部等四部委联合印发《推进"一带一路"建设科技创新合作专项规划》，并围绕科技人文交流、共建联合实验室、科技园区合作、技术转移这4项行动制定具体实施方案。积极参与制定和推广国际技术标准，手机等移动终端动漫标准成为中国科技、中国标准走向世界的重要标志。第二，打造国际合作新平台。积极落实与发达国家政府间的新兴产业合作协议，打造一系列国际合作新平台。通过举办第八届中德经济技术论坛，围绕新兴产业领域达成96项相关合作。积极与发展中国家开展创新合作，大力推动战略性新兴产业国际合作园区建设。第三，积极引入全球要素资源。积极开展与跨国公司的国际合作，积极引导外商投资战略性新兴产业，一批战略性新兴产业外资企业落户中国。[①]例如，2023年"投资中国年"广东专场推介活动中，促成74个项目签约，投资总额达到905亿元。其中，有47个为制造业项目，占总项目数比重超过六成；投资额639亿元，占总投资比重超过七成。在签约的项目中，SEW中国华南制造基地项目（佛山）、瑞典海克斯康生产制造基地项目（深圳龙华）、科思创项目、SK聚酯新材料项目等都表明战略性新兴产业成为外资企业布局的重点领域。[②]

---

① 《战略性新兴产业形势判断及"十四五"发展建议（上篇）》，中华人民共和国国家发展和改革委员会网2021年1月4日。

② 《多项大手笔签约！"投资中国年"广东专场外资巨头瞄准了啥》，网易新闻2023年3月29日。

广东在地理位置上毗邻港澳、东南亚国家，具有对外合作的区位优势；在政策上，广东拥有粤港澳大湾区建设、中国特色社会主义先行示范区建设、粤港澳深度合作、自由贸易试验区先行先试等诸多政策利好。这两大优势为广东开展国际交流，推动产业全球化发展提供了良好条件。"十四五"及中长期战略性新兴产业发展国际化的主要任务包括：融入全球创新发展网络，构建创新合作平台；参与全球新兴产业分工合作，建设国际产业合作园区；发展新型国际合作伙伴关系，拓展开放合作新路径；对接新兴产业发展国际规则，营造开放公平的竞争环境。具体可通过如下措施实现：

一是开辟对外开放新空间。依托国际科技创新城、自由贸易区等平台，建设双边特色产业合作园区。贯彻国家"一带一路"倡议，支持战略性新兴产业企业"走出去"，到沿线国家和地区建设研发基地和生产基地，开拓市场。搭建省级企业"出海"公共服务平台，制定海外投资扶持政策，加强与境外机构组织的合作。

二是构建对外贸易新格局。紧抓自由贸易区建设机遇，加快对外贸易优化和升级，扩大高端装备、新一代信息技术、节能环保等高新技术产品的出口比重。推动高端装备、新一代信息技术等领域企业与跨国企业开展合作，支持其在更广范围、更高层次上参与国际分工与合作。提高利用外资水平，把战略性新兴产业利用外资作为工作重点，制订招商计划，创新招商模式，推动新兴产业发展。

三是拓展国际交流新渠道。以国家实验室为平台，在生物、信息、高端装备制造等领域广泛开展国际技术交流与项目合作，组织技术联合开发。支持和鼓励高等院校、科研机构等积极承担和参与国际重大科技合作项目。支持企业制定或参与制定行业国际标准、产品标准、技术规范等，并支持企业在境外申请专利和注册商标。

▼ 二、加快建设战略性新兴产业集群

进入21世纪以来，产业和创新的集群化发展浪潮席卷全球，以德国、美国、日本等为代表的发达国家纷纷提出集群发展战略或计划，将产业和创新集群作为提升自身国际竞争力和创新能力的主要手段。为了发挥集群发展对于促进战略性新兴产业高质量发展的作用，《"十三五"国家战略性新兴产业发展规划》首次对未来我国战略性新兴产业的区域集聚布局进行了统筹谋划。2019年，国家发展改革委颁布了《关于加快推进战略性新兴产业集群建设有关工作的通知》，公布了第一批66个国家级战略性新兴产业集群建设名单，其中有6个位于广东省，包括两个智能制造装备产业集群、两个生物医药产业集群、一个人工智能产业集群和一个新型显示器件产业集群。培育发展战略性新兴产业集群已经成为广东省乃至世界各地打造经济发展新引擎、促进产业转型升级、推动区域经济发展的重要途径。

（一）战略性新兴产业集群优势与特征

波特定义产业集群为在特定区域集中的、业务上相互关联的企业和机构的总称[1]，是指特定行业内具有竞争与合作关系，并且在地理上集中，以及与这些企业互动的关联企业、供应商、相关机构等在特定区域内组成的群体。[2]战略性新兴产业集群则以战略性新兴产业为核心，相关机构为辅，在某一特定区域内高度聚集，相互之间存在密切的联系，区域综合竞

---

① 曲洪建等：《长三角共同打造世界级产业集群研究》，《科学发展》2019年第11期。
② 邵军：《新发展格局下的产业集群转型升级》，《人民论坛》2024年第2期。

争力不断提升的企业和相关机构组成的地域产业综合体。[①]与传统产业集群相比，战略性新兴产业集群具创新驱动力更强，知识溢出效应更大，产业自我升级强化能力更强的特点，能够更好地带动区域经济发展。总体而言，战略性新兴产业集群具有以下特征。

第一，生产要素具有高度聚集性。相对于传统产业集群，战略性新兴产业集群在人力、资本和技术等生产要素方面表现出更高的集聚性。生产要素的集聚相互影响，不断吸引相关企业的聚集、科研机构的入驻和资本的进入，形成了产业集群的规模效应优势。

第二，创新能力强，潜力大。作为知识技术密集型产业，创新能力强是战略性新兴产业的本质属性，战略性新兴产业集群内部的技术创新能力关乎着产业集群的发展潜力。战略性新兴产业集群往往对高新科技更加依赖，具备更大的产业成长空间。

第三，主体之间关联度高。网络互动性是产业集群发展的一般行为表现，企业、大学、科研机构、社会组织等均参与其中，通过分工协作来促进产业集群发展。对于战略性新兴产业集群来说，其较高的创新活跃度意味着从研发阶段到产品开发阶段，最后到产业化阶段的一系列过程，专业化特征更为显著，对知识创新和知识溢出效应的要求更高。所以，集群内各主体之间的互动交流、关联程度较高。

（二）统筹引导，构建产业集群顶层设计

为贯彻执行国家发展战略性新兴产业集群的重大战略部署，持续加强战略性产业集群建设，推动产业集群向纵深发展，2020年5月20日，广东省人民政府出台《广东省人民政府关于培育发展战略性支柱产业集群和

---

① 李扬、沈志渔：《战略性新兴产业集群的创新发展规律研究》，《经济与管理研究》2010年第10期。

战略性新兴产业集群的意见》，提出重点发展十大战略性新兴产业集群，具体如表5-2所示。广东省具有雄厚的产业基础，规模效应明显。"十大战略性新兴产业集群"在2023年营收将近3万亿元，增加值增长9.2%，增速接近同期GDP的两倍。[①]但由于战略性新兴产业集群仍处于以政府为主导的初、中期发展阶段，缺乏体系化的顶层设计，关键环节自主研发能力弱，制造端向外移，难以适应和满足战略性新兴产业集群创新要素高度集聚的发展要求。因此，加快建设并促进战略性新兴产业集群发展，加快推动产业集群转型升级亟待全面启动。

表5-2　广东省十大战略性新兴产业集群

集群名称	发展重点	发展目标	布局地区
半导体与集成电路产业集群	积极发展第三代半导体芯片，加快推进EDA软件国产化，布局建设较大规模特色工艺制程生产线和先进工艺制程生产线，积极发展先进封装测试。着重解决"缺芯少核"问题，保持芯片设计领先地位，补齐芯片制造短板	到2025年，年主营业务收入突破4000亿元，年均增长超过20%	广州、深圳、珠海、东莞等地
高端装备制造产业集群	重点发展高端数控机床、航空装备、卫星及应用、轨道交通装备、海洋工程装备等产业，推动集群企业与科研单位、用户单位协同创新，着力突破机床整机及高速高精、多轴联动等产业发展瓶颈和短板	到2025年，营业收入达3000亿元以上，年均增长达到10%以上	广州、深圳、珠海、佛山、东莞、中山、江门、阳江等地
智能机器人产业集群	重点发展工业机器人、服务机器人、特种机器人、无人机、无人船等产业，集中力量突破减速器、伺服电机和系统、控制器等关键零部件和集成应用技术	到2025年，营业收入达到800亿元	广州、深圳、珠海、佛山、东莞、中山等地

① 《广东省工信厅：工业投资增长22.2%，创18年来最快增速》，《南方都市报》2024年2月18日。

（续表）

集群名称	发展重点	发展目标	布局地区
区块链与量子信息产业集群	突破共识机制、智能合约、加密算法、跨链等关键核心技术，开发自主可控的区块链底层架构，推进可信服务网络基础设施建设；聚焦自主可控和互联互通等关键要素，完善标准体系；强化区块链技术在数字政府、智慧城市、智能制造等领域应用	到2025年，形成区块链技术和应用创新产业集群国际化示范高地，建成广东"量子谷"	广州、深圳、珠海、佛山、东莞等地
前沿新材料产业集群	重点发展低维及纳米材料、先进半导体材料、电子新材料、先进金属材料、高性能复合材料、新能源材料、生物医用材料等前沿新材料。加快先进研发、测试和验证等创新能力建设，强化应用基础研究和关键技术攻关，着力提高关键原材料、高端装备、先进仪器设备等的支撑保障，推动上下游产业协同发展	到2025年，营业收入超过1000亿元，年均增长达到15%以上，实现营业收入翻一番	广州、深圳、珠海、佛山、韶关、东莞、湛江、清远、潮州等地
新能源产业集群	大力发展先进核能、海上风电、太阳能等优势产业，加快培育氢能等新兴产业，推进生物质能综合开发利用，助推能源清洁低碳化转型	到2025年，营业收入达到7300亿元，产业增加值达到1800亿元	广州、深圳、佛山、湛江、茂名、云浮等地
激光与增材制造产业集群	重点发展前沿/领先原创性技术、高性能激光器与装备、增材制造装备与系统、应用技术与服务等，突破基础与专用材料、关键器件、装备与系统等关键共性技术	到2025年，年营收超1800亿元，年均增长超15%	广州、深圳、珠海、佛山、惠州、东莞、中山、江门等地
数字创意产业集群	以数字技术为核心驱动力，以高端化、专业化、国际化为主攻方向，大力推进5G、AI、大数据、VR/AR等新技术深度应用，巩固提升游戏、动漫、设计服务等优势产业，提速发展电竞、直播、短视频等新业态	到2025年，数字创意产业营业收入突破6000亿元	广州、深圳、珠海、汕头、佛山、东莞、中山等地
安全应急与环保产业集群	重点推动安全应急监测预警设备、救援特种装备、公共卫生等突发事件应急物资、高效节能电气设备、绿色建材、环境保护监测处理设备、固体废物综合利用、污水治理、安全应急与节能环保服务等跨行业、多领域协同发展	到2025年，产业总产值超3800亿元	珠三角、粤东、粤西、粤北地区

（续表）

集群名称	发展重点	发展目标	布局地区
精密仪器设备产业集群	在工业自动化测控仪器与系统、大型精密科学测试分析仪器、高端信息计测与电测仪器等领域取得传感、测量、控制、数据采集等核心技术突破与产业化应用，打造贯穿创新链、产业链的创新生态系统	到2025年，产业规模达到约3000亿元	珠三角、粤东、粤北地区

资料来源：《广东省人民政府关于培育发展战略性支柱产业集群和战略性新兴产业集群的意见》。

一是，构建政策体系，统筹引导战略性新兴产业集群发展。省政府发挥引导作用，制定集群发展战略。分类型支持引导，因业布局、因群施策。针对半导体与集成电路产业集群、高端装备制造产业集群等十个战略性新兴产业集群，广东省在2020年9月分别发布行动计划，建立差异化的支持引导方式，实现差异化集群发展目标（如表5-2所示）。强化对战略性新兴产业集群创新生态的分类指导和标准引领，有序推进其培育、成长和集群化突破。

二是，加快机制建设，激发战略性新兴产业集群发展效能。首先，科学构建集群监测与评估制度体系，对战略性新兴产业集群的发展情况进行持续监测、定期评估、分级管理和动态调整。其次，搭建产业集群信息平台，实施年度报告制度。通过搭建信息平台，促进产业集群主体之间的信息交流、学习和竞争。实施产业集群年度报告制度，定期发布十个战略性新兴产业集群全景报告、集群地图及产业地图、集群政策及产业政策报告等。最后，建立第三方评估机制，开展动态评估。通过聘用外部专家、第三方评估机构，对战略性新兴产业集群能力建设、发展情况定期开展动态评估。评估集群发展现状、水平，诊断其建设过程中遇到的问题。根据评估结果，制定调整政策，持续优化战略性新兴产业发展指导能力。

三是，协调各市完善战略性新兴产业集群推进机制。以广东省战略性新兴产业集群培育要求为标准，形成以培育为核心，由工信部门牵头、发改和科技等部门分工负责的责任体系以及"五个一"工作体系，即一张龙头企业表和"隐形冠军"企业表、一张重点项目清单、一套产业集群创新体系、一个产业集群政策工具包以及一家产业集群战略咨询支撑机构。与此同时，要加快落实战略性新兴产业集群"链长制"，不断推进产业集群联动协调机制的完善。此外，各市应将本地战略性新兴产业集群培育发展政策与省"十四五"规划以及十项战略性新兴产业集群行动规划（2021—2025年）相衔接，与"强核""立柱"等六大工程相融合，打造一体化产业规划体系。

（三）优化布局，促进产业集群区域协同

根据表5-2可以发现，广东省十大战略性新兴产业集群主要分布在珠三角地区；入榜战略性新兴企业100强的企业也主要集中于深圳和广州两市，企业在空间分布上集群程度不高。由于产业空间布局筹划不足，珠三角地区产业用地利用效率偏低，后备用地紧张，对珠三角地区引进重大产业项目造成一定程度约束。一方面，粤东、粤西和粤北地区产业结构缺乏系统性，主导产业不够清晰，缺乏龙头企业引领，上下游产业链尚未健全；另一方面，这些地区，财政基础较为薄弱，产业集群依托发展的工业园区资金投入不足，导致园区内基础配套设施建设水平也相对落后。因此，广东省需要优化空间布局，促进战略性新兴产业集群区域协同发展。

平衡战略性新兴产业集群分布格局。一方面，依托"一核一带一区"区域功能定位，构建广东省一体化产业链梯度布局，建立产业链上下游联动机制，推动各市产业分工协作，避免同质化竞争。进一步发挥珠三角地区的核心引领作用，推动工业园区改造升级，加速产业集群创新要素集聚。大力发展数字经济，持续增加产业共建深度，强化产业链"一盘棋"

配置，实现"一核"产业链向"一带一区"区域延伸。另一方面，加快发展产业集群促进机构，充分发挥统筹协同作用，推动珠三角工业强市促进机构与其他基础薄弱市开展结对帮扶，突破行政区划限制，形成跨市行业促进联盟，完善产业共育和利益共享合作机制。此外，各市加强交流协作，推动相关城市共同开展战略性新兴产业集群培育重大事项调查研究，定期召开会议讨论、学习、分享经验，跨区域合作共建产业园区，联合招商等。

全面贯彻新发展理念，因地制宜，各市结合本地区产业发展基础和特色资源，确定自身战略性新兴产业集群发展，加快形成"战略性产业支撑带动，新兴产业突破"的产业发展格局。例如，东莞市约有100多家软件和信息服务业相关企业，但将其作为战略性新兴产业集群，明确"4+5"产业集群培育体系。海上风电在省级层面被划分为战略性新兴产业集群，但阳江市拥有风电产业完整的产业链，因此把其作为战略性支柱产业集群来培育发展。另外，要瞄准本地产业集群的薄弱环节，加强部门统筹协调，提升产业集群创新、改造升级能力。

推进大型产业园区建设。汕头市、湛江市和江门市等地充分发挥临海临港优势，加强省级大型产业园区规划建设，打造东西两翼沿海经济带。其中，汕头市专门成立工作小组，按照任务清单同步推进规划编制、项目建设和土地收储等工作。以此为依托，加快推进潮汕地区绿色石化、新能源、新一代电子信息等产业同城化发展。湛江市将建设大型产业园区作为全市一号工程，引领粤西地市产业经济、科技创新等领域联动合作。江门则谋划建设面积超100平方公里的大型产业园区，重点发展绿色石化、新材料和新能源等新兴产业。

提升工业用地效率。为了给产业集群提供优质发展空间，广州市实施城市产业空间革新计划，划定621平方公里工业园区；深圳市实施优质产业供给试点改革方案,明确"两个一百平方公里"高品质产业空间总目标;东莞市大力实施"工改工"三年行动计划,统筹60平方公里土地,推动7个战略性新兴产业基地建设发展。

(四)增加供给,改善产业集群发展环境

与北京、上海等国内先进地区相比,广东省在技术、人才、资金等方面的资源要素并不突出。在技术创新方面,广东"双一流"建设高校等创新要素集聚不足,高等院校和科研机构的研究力量相对薄弱,科技创新成果转化机制也有待完善。在人才要素方面,目前广东主要依赖人才引进,新技术领域人才培养和人才储备仍然存在不足,制约了产业发展。在资金要素方面,金融对战略性新兴产业的支撑不足,目前仅深圳和广州市金融发展水平位于全国前列,粤东、粤西和粤北地区金融配套单一,战略性新兴产业集群发展面临资金约束。如何增加要素供给,改善发展环境,成为战略性新兴产业集群培育和发展必须解决的问题。

第一,完善技术创新和产业创新政策。增加土地、资金等资源要素供给,推动优质资源向战略性新兴产业集群倾斜,强化新兴产业源头创新能力。加强省市统筹,进一步完善战略性新兴产业集群在科技创新、人才引进、土地资源供给等方面的政策体系建设。建立和完善促进创新创业的法律法规,强化知识产权创造、保护和管理。建立知识产权高效率快速维权机制,实现快速授权、确权、维权的协调联动。完善科技成果产权制度和转移转化制度,建设专业化、市场化的技术转移体系,营造良好的创新、创业、创造氛围。

第二,保障人力资源供给。首先,建立与集群内战略性新兴产业体系相适应的人才培育体系,培养、引进符合战略性新兴产业集群发展需求的人才。以重大项目和工程建设为载体,建设一批创新人才培养和引进的

培训示范基地，探索人才政策组合的创新实践。分行业制定战略性新兴产业所需人才目录，在全省相关人才计划中予以重点支持。根据产业发展需求，动态调整高校招生专业和教学课程设置，扩大战略性新兴产业相关专业招生规模。其次，完善人才流动、激励和评价机制。在战略性新兴产业企业设置研究院和博士后科研工作站，鼓励产学研合作，推动关键核心技术研发攻关。完善科研人员的各项激励政策，鼓励企业完善分红制度，调动研发技术人员的创新积极性。深化收入分配制度改革，加强人才队伍建设。最后，要营造良好的用人环境。制定和完善人才政策，充分发挥各类人才作用。大力弘扬"科学家精神""工匠精神""企业家精神""创新精神"，营造具有国际竞争力的人才发展环境，引进、培养和集聚全球高端人才。推动户籍制度改革，简化落户政策，优化外籍人才永久居留制度，在医疗、购房、子女入学等方面提供便利条件。

第三，强化财政资金支持。在财政税收支持政策方面，遵循财税改革方向，落实已经出台的减税降费政策，确保战略性新兴产业企业应享尽享减税降费政策。同时，在顺应税制优化方向的原则下，根据战略性新兴产业的发展实际，探索新的税收优惠方式。专门设立战略性新兴产业培育和发展引导基金，发挥政府引导基金作用，完善基金运营管理规则，吸引社会资本设立战略性新兴产业创投基金，引导社会资本参与新型研发机构、重大研发项目和重大工程项目。积极构建与战略性新兴产业集群发展相适应的金融支持机制，针对不同产业特点、发展周期，提供多样化、差异化和个性化的金融支持。鼓励金融机构建立适应战略性新兴产业特点的信贷管理制度，建立完善的战略性新兴产业金融信息服务平台，加强金融产品和服务创新，保障产业集群发展的资金需求。

▼三、前瞻布局未来产业

　　未来产业由前沿技术驱动，尚处于孕育萌发阶段或产业化初期，是具有显著战略性、引领性、颠覆性和不确定性的前瞻性新兴产业。大力发展未来产业，是引领科技进步、带动产业升级、培育新质生产力的战略选择。2024年1月，习近平总书记在中共中央政治局第十一次集体学习时强调，"要及时将科技创新成果应用到具体产业和产业链上，改造提升传统产业，培育壮大新兴产业，布局建设未来产业，完善现代化产业体系。"近年来，广东省前瞻布局未来产业，打造五大未来产业集群，未来产业建设初见成效。

（一）未来产业的重点方向

　　未来产业代表着新一轮科技革命和产业变革方向，以颠覆性技术和革命性创新为本质特征，有望发展成为新兴产业乃至支柱产业。2024年1月，工业和信息化部、科技部、交通运输部、文化和旅游部等部门联合印发《关于推动未来产业创新发展的实施意见》，充分把握全球科技创新和产业发展趋势，前瞻部署了未来制造、未来信息、未来材料、未来能源、未来空间和未来健康六大方向产业发展，生物制造、量子信息、氢能、核能、基因和细胞技术等50多个细分赛道，明确提出了下一代智能终端、信息服务产品、未来高端装备三类标志性产品发展路线，将全面支撑推进新型工业化，加快形成新质生产力。广东省于2021年7月发布《广东省制造业高质量发展"十四五"规划》，提出"十四五"时期要着力推动未来产业不断开创新的经济增长点，抢占制造业未来发展战略制高点：

> 聚焦世界新产业、新技术发展前沿领域，立足全省技术和产业发展基础优势，积极谋划培育卫星互联网、光通信与太赫兹、干细胞、超材料、天然气水合物、可控核聚变—人造太阳等若干未来产业领域。面向国内外技术更新突破和产业升级重大需求，促进产业、技术交叉融合发展，布局一批未来产业技术研究院，丰富未来产业应用场景，运用前沿技术推动全省产业跨界融合创新发展。

广东省在深刻把握全球未来产业发展趋势的基础上，以落实国家重大战略任务为牵引，在服务大局中体现广东担当，以未来技术突破催生新动能，统筹推进科技和产业融合，以适度超前巩固产业优势，明确了五大未来产业集群，具体见表5-3。2023年，广东省工业和信息化厅起草并制定了《广东省培育发展未来产业集群行动计划编制工作方案》，明确广东聚力发展未来电子信息、未来智能装备、未来生命健康、未来材料、未来绿色低碳五大未来产业集群与21个突破点。2024年2月18日下午，在广东省高质量发展大会"深入实施创新驱动发展战略，建设产业科技创新中心"分组讨论上，未来电子信息、未来智能装备、未来生命健康、未来材料、未来绿色低碳五大未来产业集群行动计划正式发布，各未来产业集群行动计划与《广东省人民政府关于培育发展战略性支柱产业集群和战略性新兴产业集群的意见》和20个产业集群行动计划构成"1+20+5"战略性产业集群政策文件体系。广东省以20个战略性产业集群和5个未来产业集群为主轴，加快建设以科技创新为引领的现代化产业体系。发展未来产业，广东省将抢抓新风口，推动半导体与集成电路、智能机器人、新能源、生物医药等新兴产业成规模、上层次，迅速释放新动能；前瞻布局，在6G、人工智能、低空经济、量子科技、生命科学等未来产业下好先手棋、构筑新优势。

表5-3　广东省五大未来产业集群

未来产业集群	发展方向	发展目标
未来电子信息	新一代网络通信、人工智能、虚拟现实、量子信息等领域	◆ 到2030年，在未来电子信息产业重点领域关键核心技术上取得突破，未来电子信息企业培育初见成效，未来电子信息产业生态初步搭建，在新一代网络通信、人工智能、虚拟现实、量子信息等领域引领全国，成为未来电子信息培育发展新高地。 ◆ 到2035年，未来电子信息产业将成为新一代电子信息产业高质量发展的引领力量，在新一代网络通信、人工智能、虚拟现实、量子信息等领域处于全球领先地位，关键核心技术创新能力达到国际先进水平，集聚一批国际领军的龙头企业和创新平台，成为全球未来电子信息产业创新高地。
未来智能装备	聚焦人形机器人、空天装备、深海装备、深地装备等重点领域	◆ 到2030年，广东要取得30项左右关键未来智能装备技术突破，牵头或参与制定30项以上未来产业标准；培育4家具有国际竞争力的"链主"企业和50家以上专精特新企业。 ◆ 到2035年，广东将打造成为全球人形机器人、空天装备、深海装备、深地装备等未来智能装备产业创新发展高地。
未来生命健康	瞄准基因技术、细胞治疗、合成生物、脑科学和类脑研究及AI+医药等方向	◆ 到2030年，广东未来生命健康产业将培育10家左右掌握颠覆性技术、拥有爆发成长潜质并可能成长为世界级公司的未来型企业，力争研发投入强度超过10%。 ◆ 到2035年，广东将集聚一批具有国际影响力和话语权的创新型企业。
未来材料	重点发展仿生智能材料、先进金属材料、超导材料、纳米材料和新能源材料等	◆ 到2030年，广东将培育5个以上未来材料产业先导区，共建100个以上实验室/企业未来材料联合工程中心，实现从源头创新到产业化的全链条发展。 ◆ 到2035年，建立起自主创新能力强、规模化程度高、产业配套齐全、国际领先的未来材料产业体系。
未来绿色低碳	着力打造以深远海风电、新型储能、高效光伏、氢能（氨、甲醇）、先进核能、二氧化碳捕集利用与封存、天然气水合物等为重点的未来绿色低碳产业集群	◆ 到2030年，广东将布局一批重大（重点）科技创新项目，形成具备较强国际竞争力的若干个千亿元级未来绿色低碳产业集群。 ◆ 到2035年，广东将在技术进步、绿色竞争力、产业生态、全球化布局等方面取得实质性成效，形成低碳零碳负碳技术和场景创新共同驱动的产业集群，为实现碳中和目标奠定基础。

资料来源：根据公开资料整理。

（二）未来产业初见成效

未来电子信息产业是以新一代网络通信、量子信息、虚拟现实等新一代信息技术与工业技术交叉融合为驱动，代表新一轮科技和产业革命的发展方向，引领未来经济增长和社会发展的前瞻性产业。广东电子信息产业基础雄厚，产业规模多年来保持全国第一，龙头企业实力强劲，创新能力持续提升，产业链供应链自主可控能力不断增强，已基本形成以珠三角为核心区、东西两翼沿海电子信息产业拓展带和北部终端配套生态发展区协同发展的产业布局，为培育发展未来电子信息产业奠定了坚实基础，但也存在着未来前沿电子信息领域布局不足、未来电子信息产业基础研究投入偏低、原始创新能力有待提升、关键核心技术"卡脖子"等问题。

未来智能装备是未来产业和未来技术发展的重要方向，具有前沿性、突破性、颠覆性、战略性等特点，主要包括人形机器人、空天装备、深海装备、深地装备等前沿领域。近年来，广东省坚持智能制造主攻方向，推动装备制造业高端化、智能化、绿色化、国际化发展，广深佛莞智能装备集群已成为国家先进制造业集群之一，龙头骨干企业在人形机器人、商业航天、飞行汽车、深海装备等未来产业新技术新应用方面不断取得突破，未来智能装备产业呈现快速发展的良好态势。2022年，广深佛莞智能装备集群产值达到10500多亿元[①]，是全国规模最大、品类最多、产业链最完整的智能装备集聚区域，涵盖高端装备制造、智能机器人、精密仪器设备、激光与增材制造等广东省"双十"产业集群，支撑着广东省14万亿元工业

---

① 《央视关注！广深佛莞联动打造智能装备产业集群"两小时生态圈"》，东莞市人民政府门户网站2024年1月12日。

生产体系，产业规模约占全省七成，①但目前广东发展未来智能装备产业还面临一些挑战。一是市场竞争激烈，需要找准关键技术进行攻关突破以实现产业链自主可控和供应链安全；二是外部发展环境严峻，未来智能装备领域的国际贸易、技术合作、人才交流将面临更多困难；三是区域竞争日趋激烈，长三角、京津冀、成渝等区域竞相布局发展未来产业。

未来生命健康产业是指尚处于孕育和研发阶段，由前沿生物医药技术推动的，未来在疾病预防、诊断、治疗和康复方面具有广泛应用场景的产业，面向未来经济高质量发展，将为进一步增强广东省产业国际竞争力带来新机遇、赋予新动能。当前，生物医药与健康产业是广东战略性支柱产业，主要包括生物药、化学药、现代中药、医疗器械、医疗服务、健康养老等领域。建有广州国际生物岛、深圳坪山国家生物产业基地、珠海金湾生物医药产业园等产业集聚区；建有国家基因库等一批重大科技基础设施；建有中山大学、南方医科大学等一批医科优势明显的大学，以及一大批具有国际竞争力的龙头骨干企业和创新型企业。广东生物医药产业整体位居全国第一方阵。广东的生物医药制造业企业数量众多，规模以上企业数和上市企业数等关键指标均居全国前列，为重大原始创新成果快速落地转化提供有利条件；生物医药科技研发能力走在全国前列，广州、深圳已成为全省乃至全国生物医药产业重要增长极。同时，广东省生物医药产业也面临顶尖人才团队偏少，基础与应用基础研究储备不足，前瞻性、突破性、颠覆性的科研成果不多，关键核心技术有待进一步突破，未来生命健康产业相关龙头企业缺乏，国内外竞争日趋激烈等一系列挑战。

未来材料产业是基于材料领域重大科技创新、颠覆性技术突破和技术产业化而形成的，面向未来、决定未来产业竞争力的先导性产业。近年

---

① 《广深佛莞智能装备专家齐聚羊城，倡议协同培育世界级产业集群》，搜狐网2021年12月1日。

来，广东省在未来材料领域布局建设一批重大科技基础设施和重大科技创新平台，前瞻性瞄准未来电子信息、未来智能装备、未来生命健康等具有未来战略意义、重大应用前景的领域，有序开展关键核心技术攻关，在纳米、超导等未来材料技术领域形成一批产业带动性强、具有自主知识产权的新材料和新产品，未来材料产业创新体系日益完善，关键技术持续突破，应用场景不断拓展，对先进制造业的支撑引领作用初步显现。当前广东省未来材料产业处于培育发展阶段，存在竞争格局日益激烈、未来材料基础研究与应用基础研究储备不足、关键技术及装备有待突破等问题。

未来绿色低碳产业聚焦绿色低碳需求、前沿技术驱动、未来高成长性和战略支撑性的产业方向，着力打造以深远海风电、新型储能、高效光伏、氢能（氨、甲醇）、先进核能、二氧化碳捕集利用与封存、天然气水合物等为重点的未来绿色低碳产业集群。广东是海上风电大省，广东海上风电产业聚能成势，省内海域已批复建设28个海上风电场，截至2022年，广东累计建成投产海上风电装机容量约791万千瓦，占全国的26%，居全国第二。[①]广东储能电池产业基础较好，覆盖了储能电池全产业链，新型储能产能和产品竞争力在全球处于第一梯队，2022年，广东省新型储能产业营业收入约1500亿元，装机规模达到71万千瓦。[②]在核技术领域，近年来，广东对接国家高水平创新基地，布局建设了一批重大科技基础设施和高水平科技创新平台，先进核能产业发展基础良好。

（三）构建面向未来产业的创新生态系统

未来产业是技术与技术、技术与产业之间的深度融合和耦合，未来产

---

① 《直击海上网电："呼风换电"助力诞生下一个万亿级产业集群》，《南方》杂志2023年第16期。

② 《广东新型储能 大项目纷纷落地》，广东省科学技术厅网2023年9月13日。

业的发展依赖于良好的经济基础和产业条件,需要构建面向未来产业的创新生态系统,加强政府、大学、研究机构和企业等各类创新主体之间的深度互动。

加强未来产业的顶层统筹设计。广东省结合产业发展实际及未来发展趋势,加强顶层设计和统筹协调,提前布局并积极培育发展未来产业,先后讨论、制定、发布了一系列政策指引,不断构建完善未来产业发展的政策体系。从政策层面来看,"未来产业"最早出自2021年3月发布的国家"十四五"规划纲要,其中在第九章"发展壮大战略性新兴产业"第二节明确提出,要前瞻谋划未来产业。2021年7月30日,《广东省制造业高质量发展"十四五"规划》正式印发,明确提出谋划发展未来产业。为加强顶层设计的科学性,广东省工业和信息化厅组织省有关单位、制造强省建设专家咨询委员会委员、相关智库机构专家等召开未来产业专题座谈会,邀请相关企业深度参与产业政策研究制定过程,探讨广东省未来产业重点发展方向。2023年4月,《广东省培育发展未来产业集群行动计划编制工作方案》酝酿发布。2024年2月,广东省五大未来产业集群行动计划正式发布,为广东未来产业发展明确路线图。

加大未来产业科技创新力度,建立国家级的未来产业技术研究院。2020年10月,习近平总书记在深圳经济特区建立40周年庆祝大会上的讲话中指出,"要围绕产业链部署创新链、围绕创新链布局产业链,前瞻布局战略性新兴产业,培育发展未来产业,发展数字经济"。未来产业是基于前沿、重大科技创新而形成的产业,发展未来产业的根本出路是科技创新。近年来,广东省聚焦制造业高质量发展,以"强芯工程"、数字化转型为着力点,持续开展前沿技术攻关,不断加快重点产业核心技术领域创新突破。建设未来产业科技园是国家前瞻布局未来产业的重要举措,也是广东省推进未来产业发展的积极举措。2022年11月28日,广东"生物医药与新型移动出行未来产业科技园"入围首批未来产业科技园建设试点。该科技园是全国首家涉及生物医药领域的未来产业科技园，由中山大学、广州市人民政府、广药集团、广汽集团等共同建设，是广东第一家未来产业科技园。科技园着眼生物医药、新型移动出行等前沿技术领域和未来产业方向，以完善体制机制为重点，探索"学科+产业"的创新模式，构建未来产业应用场景，打造未来产业创新和孵化高地，抢占未来产业发展制高点，引领新时期国家大学科技园升级发展。

完善未来产业要素供给布局，加大对技术创新的支持力度。培育和发展未来产业需要吸引大量高质量创新要素集聚，支撑未来产业发展的关键要素不仅仅是传统的土地、劳动等，更重要的是数据、知识、技术和高端人才等创新要素。广东省围绕企业创新主体，将出台进一步强化企业科技创新主体地位的政策文件，大力推广90%的研发人员、研发机构、科研投入、专利生产集中在企业的经验做法，鼓励科技领军企业牵头组建创新联合体，大力支持企业建设高水平创新平台，切实提升原创技术需求牵引、源头供给、资源配置、转化应用能力，推动更多科创成果转化应用到具体产业和产业链上。同时，广东还将聚焦科技创新、要素市场化、投融资、营商环境建设、人才等重点领域，实施更多创造型、引领型改革，用心用情帮企业解难题、办实事，让各类企业在广东深深扎根、茁壮成长、枝繁叶茂。

第六章

强化广东现代化产业体系
建设的组织保障

CHAPTER 6

现代化产业体系是现代化国家的物质技术基础，是全面建成社会主义现代化国家的重要标志和关键支撑。建设现代化产业体系，是党中央统筹"两个大局"作出的重大战略部署，也是我们立足新发展阶段、贯彻新发展理念、构建新发展格局、推动高质量发展的必然要求。当前，全球新一轮科技革命和产业变革蓬勃发展、加速演进，我国正加快由制造大国向制造强国迈进。作为第一经济大省，广东在推动经济高质量发展中肩负着"走在全国前列 创造新的辉煌"的历史使命，在全国构建现代化产业体系过程中扮演着举足轻重的角色。面对新形势新变化，广东省聚焦制造业高质量发展，通过强化党建引领、构建区域金融协调格局、营造市场化法治化国际化营商环境等途径，为构建以实体经济为支撑的现代化产业体系提供了坚强的组织保障。

▼ 一、以高质量党建引领产业体系高质量发展

党的二十大报告指出，"高质量发展是全面建设社会主义现代化国家的首要任务。发展是党执政兴国的第一要务。"[①]全面建设社会主义现代化国家、全面推进中华民族伟大复兴，关键在党，关键在人。地处"两个前沿"，高质量党建是广东应对"两个大局"再创新辉煌的政治保证，是在中国式现代化建设中走在前列、当好示范的力量所在。高质量抓好党的建设，才能充分发挥党强大的政治优势和组织优势。广东全省深入学习贯

① 《高举中国特色社会主义伟大旗帜　为全面建设社会主义现代化国家而团结奋斗——在中国共产党第二十次全国代表大会上的报告》，《人民日报》2022年10月26日。

彻习近平总书记关于党的建设的重要思想，以党的政治建设为统领，深入推进新时代党的建设新的伟大工程，从严从实抓好党的建设，始终坚持组织路线服务政治路线，把组织力量、组织优势有效转化为发展动力、发展优势，聚焦主责主业，推动组织工作与中心工作深度融合、同频共振，以高质量党建引领产业体系的高质量发展。

（一）强化党的领导

习近平总书记在党的二十大报告中提出前进道路上必须牢牢把握的五个重大原则，其中首要原则是"坚持和加强党的全面领导"①。广东要在高质量发展上走在前列、当好示范，必须坚持和加强党的全面领导、坚定不移全面从严治党。党的十八大以来，习近平总书记对广东党建工作高度重视、亲切关怀，对坚决维护党中央权威和集中统一领导、把各级党组织锻造得更加坚强有力等作出重要指示、提出殷切期望。2023年6月，广东省委十三届三次全会进一步提出"坚定不移加强党的全面领导和党的建设，在营造良好政治生态上取得新突破，全面落实新时代党的建设总要求，以党的政治建设为统领，扎实推进党的各方面建设"的党建目标。广东始终牢记总书记的殷殷嘱托，坚定不移加强党的全面领导和党的建设，全面贯彻落实新时代党的建设总要求，深入实施加强基层党建三年行动计划，推动各级党组织全面进步、全面过硬，持之以恒正风肃纪反腐，党风政风持续好转，为在新征程中走在全国前列、创造新的辉煌提供坚强的政治保证和组织保证。

强化党的领导是广东省在现代化产业体系建设过程中的基本原则，其不仅确保了政策的连续性和稳定性，而且有助于更好地集中资源、协调

---

① 《高举中国特色社会主义伟大旗帜 为全面建设社会主义现代化国家而团结奋斗——在中国共产党第二十次全国代表大会上的报告》，《人民日报》2022年10月26日。

各方面力量，推动产业转型升级。通过强化党的领导，广东确保其现代化产业建设既符合国家的宏观战略，又能反映地方的实际需求和特色，促进经济结构的优化和产业水平的提升。首先，强化党的领导体现在明确的政策导向和决策机制上。广东省依托党的领导，确立了清晰的发展目标和方向，例如大力发展高技术产业、绿色产业和现代服务业等，这些都是推动经济高质量发展的关键领域。通过顶层设计，广东省形成了一系列支持现代化产业发展的政策和措施，包括财政、税收、金融、土地等方面的支持，以及人才培养和引进政策。其次，强化党的领导体现在推动产业集群和创新体系建设上。广东省利用党的组织优势，促进产学研用紧密结合，建立了一批产业技术研究院、创新平台和企业孵化器，加速科技成果的转化应用。通过这种方式，广东不仅在传统优势产业如制造业中维持了竞争力，也在新兴产业如新能源、生物医药、高端装备制造等领域实现了突破。最后，党的领导还体现在加强党内治理和提高治理效能上。广东省通过加强党对经济工作的领导，优化了政府职能，推进简政放权、放管结合、优化服务等改革，创造了良好的营商环境，吸引了大量国内外投资。同时，广东省通过强化党的领导，实现了党建工作与经济社会发展的深度融合。在现代化产业园区、重点企业和项目中，党组织发挥核心作用，引导和激励党员干部在推动产业发展中发挥先锋模范作用，形成了强大的工作合力。

针对现代化产业体系建设的发展规划，广东省全面贯彻党的基本理论、基本路线、基本方略，深入贯彻习近平总书记对广东系列重要讲话和重要指示批示精神，按照省委、省政府"1310"具体部署，提出了"加快构建以先进制造业为骨干的现代化产业体系"的具体目标，这一目标深刻体现了省委对于地方发展的深思熟虑和精心安排。这不仅将党的策略主张转化为全省的共同意志，而且显著提升了政策实施的针对性和有效性。广东的发展规划突出了对创新的重视、对开放的拥抱以及对可持续发展的追求，旨在通过精准施策，推动省内经济社会全面进步。实施这些宏伟规划，要求省委发挥总揽全局、协调各方的领导核心作用。这不仅意味着要增强战略定力，坚持长远目标不动摇，还要提升战略思维，即对复杂局势深刻理解和准确把握，以及提高应对各种挑战的能力。此外，广东省在推进发展规划实施的过程中，特别强调基层党组织的作用和党员的先锋模范作用。这是因为基层党组织和广大党员能够密切联系群众，直接了解和解决人民群众的实际问题，从而确保规划的实施更加贴近民心、符合民意。同时，广东省还高度警惕形式主义、官僚主义的问题，努力减少不必要的行政干预，确保规划实施的效率和效果，最大限度地凝聚全社会的共识和力量，共同推动"十四五"规划蓝图的顺利实施。

（二）完善规划体系

广东省在推进现代化产业体系建设的过程中，采取了一系列措施进一步理顺规划关系，明确了各类规划的功能定位，并强化了规划之间的衔接和协调。这些措施不仅提高了规划的执行效率，还促进了资源的优化配置和产业的高质量发展。

一是理顺规划关系。广东省通过整合和优化规划体系，消除了不同规划之间的重叠和矛盾。通过明确国家级、省级、市级乃至县级规划的职责分工和相互之间的关系，确保了各级规划在目标、任务、措施等方面的一致性和衔接性。这种层级清晰、功能明确的规划体系为产业发展提供了有力的指导和支持。具体实践中，广东省的产业发展规划重点聚焦事关全省长远发展的大战略、跨部门跨行业的大政策、具有全局性影响的跨区域大项目，统筹重大战略和重大举措时空安排，是全省其他各级各类规划的总遵循。省级专项规划、区域规划、空间规划和市县规划要依据省发展规划编制，按照这一规划的国土空间开发保护要求，制定实施省级空间规划，同时，强化省级空间规划的基础作用和专项规划、区域规划的支撑作用。

二是明确各类规划功能定位。广东省在规划体系中明确了经济社会发展规划、土地利用规划、城乡规划、环境保护规划等各类规划的功能定位。每种规划都围绕现代化产业体系建设的总体要求，明确了自身的目标、任务、重点领域和保障措施，形成了互为支撑、相互促进的规划网络。具体实践中，广东省级各类产业规划和市县规划要确保与上位规划、上级规划协调一致，加强各项规划目标特别是约束性指标、发展方向、总体布局、重大政策、重大工程项目、风险防控等的统筹衔接，形成以省"十四五"规划纲要为统领，各类规划定位清晰、功能互补、纵向对接、横向衔接的规划体系。

三是强化规划之间的衔接协调。为了确保规划之间的有效衔接和协调，广东省建立了多部门协同工作机制，通过定期召开协调会议、建立联席会议制度等方式，加强了不同规划、不同部门、不同地区之间的沟通和协作。这种机制有助于及时解决规划实施过程中遇到的问题，确保规划的顺利执行。具体实践中，广东省积极编制实施省级重点专项规划，深化本规划在特定领域提出的战略任务，编制科技创新、制造业高质量发展、新型城镇化、生态文明、卫生与健康事业发展等22个省级重点专项规划，量化具体目标，细化任务举措，列出项目清单，作为指导相关领域发展、布局重大工程项目、合理配置公共资源、引导社会资本投向、制定相关政策的重要依据。

四是推进规划管理信息化。广东省大力推进规划管理信息化建设，通过建立规划信息数据库和共享平台，实现了规划资料的数字化、网络化和智能化管理。这不仅提高了规划的制定和管理效率，也为科学决策提供了强有力的支持。同时，通过公开透明的信息共享机制，增强了社会公众对规划制定和实施过程的参与度和监督力度。具体实践中，广东省充分发挥信息化在规划中的作用，结合数字政府建设，建设统一的省规划综合管理信息平台，加强与国家规划综合管理信息平台等相关政务模块的连接和信息共享，将各类规划纳入统一管理，对规划编制和实施进行数据跟踪监测评估，推动规划信息互联互通、归集共享，提高规划编制和管理的科学性。

通过上述措施，广东省成功构建了一个统一衔接、相互支持的规划体系，为现代化产业体系建设提供了路线图。这个规划体系不仅覆盖了产业发展的各个方面，也涵盖了社会、经济、环境等多个领域，确保了广东省现代化产业体系建设的有序推进和持续发展。总体而言，广东省在进一步理顺规划关系、明确各类规划功能定位、强化衔接协调以及推进规划管理信息化方面所采取的措施，有效地推动了现代化产业体系的建设，为实现经济社会的全面、协调、可持续发展提供了有力保障。

（三）健全实施机制

广东省在现代化产业建设方面采取了一系列措施，旨在落实规划实施责任，确保产业年度计划与长期发展规划的有效衔接，并通过完善监测评估体系及实施监督考核机制，进一步提升规划实施的效能。这些措施共同构成了一个全面、多层次、高效能的规划实施和管理框架，有效推动了广东省现代化产业体系的建设与发展。

落实规划实施责任。广东省通过明确各级政府和相关部门的责任，确保了规划实施的责任到人。这包括制定具体的责任分解表和任务书，明确每个部门、每个项目的责任目标、完成时限和具体措施，确保各项任务能够落实到位。此外，通过建立领导包抓制度和项目责任制，进一步加强了责任落实。具体实践中,广东省强化省级年度计划落实机制,确保省级国民经济和社会发展计划能够有效贯彻国家和省级发展规划提出的发展目标和重点任务,将省发展规划确定的主要指标分解并纳入年度计划指标体系,合理设置年度目标并做好年度间的综合平衡,结合形势发展确定年度工作重点,明确重大工程、重大项目、重大举措的年度实施要求,由省发展改革部门进行衔接平衡后,按程序报批实施。

健全产业规划修订和考核评价机制。为确保年度计划能充分反映和服务于长期发展规划的目标和要求,广东省通过建立和完善规划编制、评审、调整和更新的机制来提升年度计划的前瞻性和可操作性,使其能够灵活应对变化,同时支持长期发展目标的实现。建立健全的产业规划实施监督考核机制,通过设定明确的考核指标和标准,定期对产业规划实施情况进行考核评价。具体实践中,广东省强化了规划的权威性与严肃性,未经法定程序批准,不得随意调整更改各类规划。省发展规划确需调整修订时,相关省级规划需按程序作出相应的调整和修订。规划编制部门要组织开展规划实施年度监测分析、中期评估和总结评估,鼓励开展第三方评估,强化监测评估结果应用。探索实行规划实施考核结果与被考核责任主体绩效相挂钩机制,考核结果作为各级政府领导班子调整干部选拔任用、奖励惩戒方法的重要依据。强化结果运用,自觉接受人大监督、审计监督和社会监督。

提升产业规划政策的引导规范作用。广东省积极强化发展规划对产业政策、区域政策等的引导约束作用。产业政策要围绕国家和省发展规划确定的产业发展和结构调整方向,突出功能性,强化普惠公平,完善市场机制和利益导向机制,充分发挥市场配置资源的决定性作用,营造鼓励竞争、促进创新的市场环境,合理引导市场预期和市场主体行为。强调区域政策要围绕国家和省发展规划确定的区域发展和空间格局优化方向,促进形成主体功能明显、优势互补、高质量发展的区域经济布局，实现区域协调发展。重大生产力布局和土地、人口、环境、社会等公共政策的制定，也要服从和服务于国家和省发展规划，强化政策间协调配合，形成政策合力。通过上述措施，广东省不仅强化了规划实施的责任和监管，还提高了规划实施的透明度和公众参与度。通过建立反馈机制和公众参与平台，广东省收集社会各界对规划实施的意见和建议，不断优化调整规划内容，从而提高了规划实施的效率和效果。

▼二、推动共建粤港澳大湾区国际金融枢纽

广东省坚持金融服务实体经济的根本导向，深化金融供给侧结构性改革，加快建设现代金融体系，优化金融空间布局，实施更高水平金融开放，携手港澳共建粤港澳大湾区国际金融枢纽。在推动共建粤港澳大湾区国际金融枢纽的过程中，广东采取了一系列战略措施，旨在为现代化产业体系建设提供强有力的金融服务支持。这一举措不仅促进了大湾区内的金融合作与创新，也为经济发展和产业升级提供了坚实的金融基础。广东省致力于构建全方位、多层次的金融服务体系，以满足不同产业和企业发展的金融需求。这包括大力发展创新型金融服务，如绿色金融、科技金融、互联网金融等，为现代化产业提供定制化、多样化的金融产品和服务。总的来说，广东省通过优化金融服务体系、推进金融创新与开放、加强金融基础设施建设、促进跨境金融合作以及加强金融风险防控等措施，为现代化产业体系建设提供了有力的金融服务支撑，为大湾区乃至全国的经济发展注入了新的动能。

（一）加快建设现代金融服务体系

广东省在推动现代化产业建设的过程中，深刻认识到金融支持的重要性，特别是在银行保险业、证券期货业等金融领域，金融科技的快速发展对提高金融服务质量和效率的作用。为此，广东采取了一系列措施，旨在促进金融机构和各类金融组织的协调发展，加快金融科技的应用，以满足现代化产业建设的多样化金融需求。

促进金融机构协调发展。广东省鼓励银行、保险、证券、期货等传统金融机构以及各类新型金融组织协调发展，形成互补、多元的金融服务体系。通过优化金融资源配置，加强金融产品和服务的创新，广东省能够为不同类型和规模的企业提供更加精准、高效的金融支持。这不仅包括信贷支持、资本市场融资、保险保障等传统服务，还涵盖了供应链金融、绿色金融、智能投顾等新兴服务。在具体实践中，广东省致力于建立健全商业性金融、开发性金融、政策性金融、普惠性金融分工合理、相互补充的金融机构体系。推动设立粤港澳大湾区国际商业银行、国际海洋开发银行等一批重要金融机构。支持大型金融机构到广东设立子公司和功能性总部。支持发展专注微型金融和普惠民生领域服务的中小金融机构，支持中小银行多渠道补充资本金。推进省农信联社改革，支持农商行高质量发展。推动证券、基金、期货、财富管理机构规范发展。通过申请新的金融牌照或整合已有金融牌照，发展符合监管要求的金融控股集团。规范发展小额贷款公司、融资担保公司等地方金融组织。

健全现代金融市场体系。广东省在推动其经济发展和结构优化升级的过程中，致力于构建一个完善、高效、开放、竞争的现代金融市场体系，为更好地服务于实体经济，促进产业升级，提供强有力的金融支持和保障。具体实践中，广东省高标准建设广州期货交易所，打造完整的期货产业链，完善期现货联动的期货交易市场体系，建设期货交割库，提升重要大宗商品的价格影响力。支持深圳证券交易所建设优质创新资本中心和世界一流证券交易所，设立粤港澳大湾区债券发行平台，稳步扩大债券市场规模，丰富债券市场品种，打造科技创新企业直接融资高地，建立连接技术市场与资本市场的全国性综合服务平台。支持区域性股权市场建设非上市证券集中托管平台，探索开展股权投资和创业投资份额转让试点。完善私募基金募集、投资、管理、退出机制，优化私募基金发展环境。优化跨境金融基础设施体系，规范发展地方金融资产交易中心，推进贸易金融区块链平台建设。推动金融信息服务行业加快发展。

加快金融科技发展。认识到金融科技在提升金融服务质量和效率中的关键作用，广东省加大了对金融科技发展的支持力度。通过推动大数据、人工智能、区块链、云计算等先进技术在金融领域的应用，广东省不仅提高了金融服务的便捷性和安全性，还增强了金融市场的透明度和公平性。金融科技的发展还促进了金融创新产品和服务的涌现，为现代化产业提供了更加多样化和个性化的金融解决方案。在具体实践中，广东省积极推动金融数字化智慧化转型。开展数字货币研究与移动支付等创新应用，支持深圳开展数字人民币试点，支持广州争取被纳入数字人民币试点地区。鼓励金融机构与科技企业开展金融科技合作，设立金融科技公司和研发中心，加强底层关键技术和前沿技术研发，参与制定金融科技国家标准。加快培育金融科技龙头企业，完善金融科技产业链。推进广州、深圳金融科技创新监管试点工作，推动区块链、大数据、人工智能等技术在客户营销、风险防范和金融监管等方面的应用。

（二）提升金融服务实体经济水平

在当今经济全球化和国内市场竞争日益加剧的背景下，广东省凭借其独特的地理位置、强大的经济实力和开放的市场环境，已成为中国经济发展的重要引擎。为了进一步巩固和提升这一地位，广东省大力实施"金融+"工程，通过金融创新促进产业结构优化升级，为现代化产业体系的建设提供有力的金融支持。广东省通过引导金融资源向高新技术产业、绿色环保产业、现代服务业等现代化产业领域集中，支持这些领域的企业发展，提高其在国内外市场的竞争力。这不仅有助于提升广东省产业的整体技术水平和附加值，也为实体经济注入了新的活力和动力。在《广东省国民经济和社会发展第十四个五年规划和2035年远景目标纲要》中，广东省强调要大力实施"金融+"工程，优化金融资源配置结构，构建服务实体经济的大金融体系，畅通实体经济的金融"血脉"。

广东省通过实施"金融+"工程，优化金融资源配置结构，构建服务实体经济的大金融体系，不仅为现代化产业体系的建设配置了必要的金融资源，也为经济的高质量发展提供了强大的金融支持。在具体实践中，广东积极提升金融支持产业现代化水平。发挥政府投资基金引导作用，持续加大对战略性产业集群的金融资源投放。支持金融机构在先进制造业集聚地区设立专营机构，发展并购贷款业务。支持高新技术产业开发区的运营机构上市或开展直接融资。支持省内大型企业设立集团财务公司，开展延伸产业链金融服务试点。加快制造业领域融资租赁业务发展。与此同时，大力发展创业投资，引导创业投资机构加大对种子期、初创期科技企业的投入。落实普惠性科技金融政策，鼓励银行发展科技金融专营机构，稳妥开展外部投贷联动，创新信贷产品，优化科技信贷风险准备金运作模式。支持科技企业与资本市场对接，联合证券交易所共建优质科技企业上市协调工作机制，建立全省上市后备科技企业数据库。鼓励保险机构为科技企业提供多方位保险支持。此外，广东还注重金融服务体系的完善，通过推动金融机构创新服务模式，提高金融服务的覆盖面和效率，使金融服务更加精准地对接实体经济的需求。推进中小企业融资平台、信用信息平台建设，建立健全各级政府信息归集整合、开发共享机制，综合运用金融科技手段为小微企业提供便捷低成本的贷款、融资担保服务。完善农村金融服务体系，稳步增加涉农贷款投放规模。完善政府性融资担保体系，探索建立对政府性融资担保机构的可持续资本补充机制。建立政策性再担保业务风险补偿机制，运用风险补偿基金、担保、保险等手段为中小企业融资提供增信服务。

（三）有序实施更高水平金融开放

粤港澳大湾区作为我国金融开放的最前沿，具有举足轻重的战略地位。近年来，大湾区依托地理优势和紧密的区域经贸联系，积极开展金融开放与合作，为我国金融市场发展及深化对外开放提供了有益借鉴。在此背景下，粤港澳大湾区金融开放合作取得了显著成果。一方面，在金融市场互联互通方面，大湾区积极推进跨境金融合作，如推出债券通、粤港澳大湾区跨境理财通等举措，有效降低了区内金融机构跨境经营的门槛，促进了金融资源的自由流动；另一方面，在金融监管合作方面，中国人民银行、香港金融管理局、澳门金融管理局共同签署《关于在粤港澳大湾区深化金融科技创新监管合作的谅解备忘录》，就金融监管信息共享、联合执法等方面达成共识，以防范金融风险跨境传递。广东积极开展金融开放先行先试，有序推进粤港澳金融市场互联互通，加强粤港澳三地金融规则和标准对接，强化国际金融交流与合作，提升金融开放水平和能力。通过有序实施金融开放政策，不断提升金融服务的全球化、市场化水平，不断为广东现代化产业建设提供强有力的金融支持。

广东省在金融开放方面持续深化与国际金融市场的互联互通。通过积极参与"一带一路"建设、粤港澳大湾区发展等国家战略，广东加强了与国际金融中心的合作交流，拓宽了金融机构和产品的国际市场准入。这一策略不仅吸引了更多的外资金融机构落户广东，也为本地金融机构"走出去"提供了更多的机遇和平台，有效提升了广东金融市场的国际竞争力和影响力。在具体实践中，广东积极深化粤港澳金融合作，支持巩固提升香港国际金融中心地位，强化香港全球离岸人民币业务枢纽地位。支持打造服务澳门经济多元化的金融平台。携手港澳共建广州南沙、深圳前海和珠海横琴金融深度合作平台，加强香港联合交易所与深圳证券交易所、广州期货交易所合作，促进与港澳金融市场互联互通和金融（基金）产品互认。扩大金融双向开放，深入推进"深港通""债券通""理财通"，积极探索"保险通"，构建多层次、广覆盖、深融合的跨境金融联通体系。在CEPA框架下更大力度引入港澳金融机构来粤展业，支持港澳保险业在粤港澳大湾区内地设立保险服务中心。完善粤港澳金融交流体系和合作平台，成立粤港澳金融科技联盟，更好地发挥粤港澳大湾区绿色金融联盟作用。完善跨境金融纠纷解决机制。引进和发展"中国金融四十人论坛"等新型金融智库，打造国际金融交流与合作的载体。支持与"一带一路"沿线国家合作开发金融产品，为中小企业提供跨境双向投融资服务。加强与伦敦、纽约、东京、新加坡等国际金融中心的交流，打造国际化、专业化的金融人才队伍，全方位深化与金融市场、机构、科技等领域的合作。

▼ 三、积极构建市场化、法治化、国际化营商环境

营商环境是发展的体制性、制度性安排，其优劣直接影响市场主体的兴衰、生产要素的聚散、发展动力的强弱。党的十八大以来，党中央、国务院高度重视营商环境建设，习近平总书记先后作出一系列重要论述，强

调"打造市场化、法治化、国际化的一流营商环境"。2018年10月，习近平总书记亲临广东考察，指出"广东要坚持社会主义市场经济改革方向，营造稳定公平透明、可预期的营商环境"，为广东进一步优化营商环境提供了根本遵循。习近平总书记在党的二十大报告中擘画了以中国式现代化全面推进中华民族伟大复兴的宏伟蓝图，明确高质量发展是全面建设社会主义现代化国家的首要任务，提出推进高水平对外开放，营造市场化、法治化、国际化一流营商环境。

广东省为全面贯彻习近平总书记的重要指示批示精神，贯彻实施国务院《优化营商环境条例》，总结近年来推进"放管服"改革的有效经验做法，破解制约营商环境的痛点堵点难点问题，进一步维护各类市场主体合法权益，激发市场主体活力和创造力，打造一流法治化营商环境，推动广东经济高质量发展。省人大常委会在2019年通过的《广东省人民代表大会常务委员会关于大力推进法治化营商环境建设的决定》的基础上，结合广东实际制定了内容更为系统全面，更具地方特色的《广东省优化营商环境条例》。2023年6月，广东省政府根据《广东省优化营商环境条例》制定了《广东省优化营商环境三年行动方案（2023—2025年）》，细化了全省营商环境建设的总体目标，提出到2024年，推动全省营商环境均衡一体化发展，全面提升粤东粤西粤北地区营商环境；开展营商环境重点领域专项整治，在市场主体准入、运营、退出等关键环节解决一批堵点难点问题；打造一批营商环境综合改革示范点。到2025年，在清除隐性壁垒、优化再造审批流程、加强事中事后监管等重点领域取得一批标志性成果，营商环境的体制机制更加完善，群众和企业获得感显著提升，形成一批吸引投资的标杆地区，让市场化、法治化、国际化营商环境成为广东的"金字招牌"。

（一）全面推进市场化改革，构建高效公平开放的全国统一大市场

建设全国统一大市场是构建新发展格局的基础支撑和内在要求。习近平总书记指出："市场决定资源配置是市场经济的一般规律，市场经济本质上就是市场决定资源配置的经济。"[①]党的二十大报告强调"构建全国统一大市场，深化要素市场化改革，建设高标准市场体系"[②]。要素市场是现代化经济体系的核心环节，完善要素市场化配置是建设统一开放、竞争有序市场体系的内在要求，是坚持和完善社会主义基本经济制度、加快完善社会主义市场经济体制的重要内容。建设统一开放、竞争有序、制度完备、治理完善的高标准市场体系是充分发挥我国超大规模市场优势的现实需要和必然选择，是实现经济高质量发展和建设高水平社会主义市场经济体制的重要基础和支撑，也是一流营商环境的重要体现。广东落实中央建立全国统一的市场制度规则的部署要求，实行统一的市场准入制度，打破地方保护和市场分割，打通制约经济循环的关键堵点，促进商品要素资源在更大范围内畅通流动，加快建设高效规范、公平竞争、充分开放的统一大市场。

实施全国统一的市场准入负面清单制度，加大力度破除各种市场准入隐性壁垒，是建设高标准市场体系的内在要求。广东全省进一步放宽市场准入，全面落实全国统一的市场准入负面清单制度，各级人民政府及其有关部门不得另行制定市场准入性质的负面清单，也不得对市场主体的资

---

① 《关于〈中共中央关于全面深化改革若干重大问题的决定〉的说明》，《人民日报》2013年11月16日。

② 《高举中国特色社会主义伟大旗帜 为全面建设社会主义现代化国家而团结奋斗——在中国共产党第二十次全国代表大会上的报告》，《人民日报》2022年10月26日。

质、资金、股比、人员、场所等设置不合理条件；并要求各级政府部门建立适应市场准入负面清单管理的审批、监管等配套制度。为落实"一照通行"改革要求，省人民政府对所有涉企经营许可事项建立清单管理制度，按照直接取消审批、审批改为备案、实行告知承诺、优化审批服务等方式分类管理；除法律、行政法规规定的特定领域外，涉企经营许可事项不得作为企业登记的前置条件。同时，全省积极推动在符合国家规定条件的地区试行放宽市场准入特别措施，支持深圳中国特色社会主义先行示范区、横琴粤澳深度合作区等地方按照国家规定探索放宽市场准入特别措施，进一步破除制约市场主体进入的体制机制障碍和隐性壁垒，为全国层面放宽市场准入探索更加完善的路径，加快汇集全球高端要素资源。

与此同时，全省积极推进便利市场主体设立登记和许可手续，设置综合服务窗口，实现一次性申请办理营业执照、公章刻制、发票申领、社保登记、住房公积金缴存登记、银行预约开户等业务，一次性领取营业执照、印章、发票、税控设备等，极大简化了市场主体的设立手续。尤其是将银行预约开户纳入一窗通办范围，真正实现市场主体设立登记"一窗通办、一窗通取"。针对市场主体设立登记一网通办方面，广东省要求推行全程网上办理，依托网上政务服务平台实现在线填报、审批、发证。推行涉企经营许可按照企业需求整合，明确将各类许可证信息归集至营业执照，企业办理营业执照时，可以同时申办经营涉及的多项许可事项，减少审批发证环节，推动市场主体准入准营提速增效。

（二）推进"放管服"改革，着力营造高效便利的政务服务环境

政务服务涉及各类市场主体和千家万户，与群众、企业打交道最多，是优化营商环境的重要内容。广东聚焦市场主体关切，对标国际先进水

平，既立足当前又着眼长远，要求采取改革的方法破解重点领域和关键环节痛点难点问题，强化为市场主体服务，提升政务服务质量和效率。在"放"字的改革上，广东省通过大力简政放权，减少行政审批事项，降低市场准入门槛，有效释放了市场活力。通过取消和下放一大批行政审批事项，广东省为企业和群众提供了更加广阔的发展空间，激发了市场主体的创新创业活力。在"管"字的改革方面，广东省积极推动监管方式的创新，强化事中事后监管，确保简政放权后的市场秩序不乱。通过建立健全的监管机制和标准体系，采用大数据、云计算等现代信息技术手段，提高了监管的精准性和效率。在"服"字的改革上，广东省大力推进政务服务"一网通办"，实现了政务服务事项的线上化、智能化。通过建设统一的政务服务平台，广大企业和群众足不出户便可办理各项政务，大大提高了办事效率和满意度。同时，广东省还深化了"互联网+政务服务"模式，通过优化服务流程和提升服务质量，确保了政务服务更加透明、便捷、高效。通过不断深化"放管服"改革，广东省不仅提高了政府的服务效能，也促进了社会主义市场经济的健康发展，为建设现代化经济体系和推动高质量发展奠定了坚实的基础。

在具体实践中，其一，积极推进政务服务标准化，在同一政务服务事项基本要素"四级四同"的基础上，逐步推进实现受理条件、办理流程、申请材料、办结时限、办理结果等要素统一，推动省、市、县（市、区）、镇（街）级事项目录同源、标准一致。制定标准化办事指南，线上线下统一实施业务规范。其二，进一步规范政务服务窗口设置。地级以上市、县级人民政府按照省制定的标准建设综合性实体政务服务中心，根据实际将部门分设的专业性服务窗口整合为综合办事窗口，推动实行前台综合受理、后台分类审批、综合窗口出件的工作模式，实现政务服务事项一窗通办。乡镇人民政府、街道办事处设立便民服务中心，推动高频政务服务事项以委托受理、授权办理、帮办代办等方式下沉、就近办理。健全容缺受理、首问负责、预约办理、业务咨询、一次告知、限时办结等制度，完善全程帮办、代办、联办以及错时、延时服务等工作机制。各级政务服务中心设置"兜底窗口"，为企业群众多次跑、来回跑、办不成的问题提供兜底服务，建立部门业务综合授权的"首席事务代表"制度。其三，推动政务服务"跨域通办"。建立省级统筹工作机制，依托全国一体化政务服务平台，建成全省统一的"跨域通办"事项管理中枢和业务支撑系统，制定全省"跨域通办"流程规则。聚焦与群众、企业联系最密切的领域选取20项办件量最多的事项，实现跨市、跨省无差别受理、同标准办理。依托政务服务中心"跨域通办"窗口，为市场主体跨省或跨市办事提供服务；鼓励有条件的城市设立"跨境通办"窗口，实现高频服务事项"跨境通办"。

（三）推进市场监管公平统一，打造稳定透明可预期的法治化营商环境

法治既是市场经济的内在要求，也是市场经济良性运行的根本保障。2019年2月，习近平总书记在中央全面依法治国委员会第二次会议上的重要讲话指出，"法治是最好的营商环境。要把平等保护贯彻到立法、执法、司法、守法等各个环节，依法平等保护各类市场主体产权和合法权益。"[①]这里不仅揭示了良好营商环境之根本，而且也对多个关键环节的工作提出了要求。作为一个系统性工程，营造一流营商环境需要方方面面的制度安排，如市场准入、公平竞争、产权保护、产业结构、市场监管、宏观调控、社会信用、国际贸易、国际投资、统一大市场，等等。但众多

---

① 《完善法治建设规划提高立法工作质量效率 为推进改革发展稳定工作营造良好法治环境》，《人民日报》2019年2月26日。

方面的制度安排最终都汇聚到同一个最根本的问题，即"法治"上，依法而治和良法善治的状态是良好营商环境之精髓。在营造"法治化"的营商环境方面，广东坚持对各类市场主体一视同仁、平等对待，要求推进依法行政、公平公正监管，着力为保护产权、规范市场秩序、维护公平竞争提供法治保障。

在具体实践中，广东全省积极抓好《广东省优化营商环境条例》的贯彻实施，充分利用线上线下各种渠道，向广大市场主体和社会公众宣传解读。通过第三方评估、调查暗访等方式，重点围绕公平竞争、政务诚信、执法规范、企业破产、政府采购和招标投标等领域条款的实施情况开展执法检查。面对近年来垄断和不正当竞争问题突出，为明确平等保护的要求，广东积极促进各类市场主体在经济活动中的权利平等、机会平等、规则平等；规定各类市场主体依法平等获取和使用各类生产要素和公共服务资源，平等适用支持发展的政策措施。为避免出台妨碍统一市场和公平竞争的政策措施，各级人民政府及其有关部门不得制定和实施歧视性政策或者设置隐性障碍；政府及其有关部门在起草与市场主体经济活动有关的地方性法规、规章和政策措施时，应当进行公平竞争审查；在公平竞争审查中发现涉嫌违反公平竞争审查标准或者拟适用例外规定的，按照规定引入第三方评估。在总结深圳等地探索公平竞争集中审查的经验基础上，鼓励有条件的地方建立公平竞争独立审查机制，在相关政策措施出台前实施集中审查。探索实施执法"观察期"制度，除法律、法规、规章明确禁止或者涉及危害公共安全和人民群众生命健康等的情形外，对符合国家和省政策导向、有发展前景的新业态新模式企业，探索给予合理的执法"观察期"，优先采取教育提醒、劝导示范、警示告诫、行政提示、行政指导、行政约谈等柔性执法方式。

（四）激发市场主体活力和创造力，为投资兴业营造良好的生态环境

作为中国改革开放的先行地，广东始终致力于激发市场主体活力和创造力，为投资兴业营造良好的生态环境。通过深化改革、扩大开放、优化服务、加强保护等一系列措施，广东省不仅提升了企业的发展动力和创新能力，也吸引了更多国内外投资者的目光，推动了经济的高质量发展。当前广东经济发展面临需求收缩、供给冲击、预期转弱三重压力，迫切需要通过优化营商环境集聚高端要素、培育创新发展动能、实现稳中求进。据此，广东着力降低制度性交易成本，落实惠企利民和纾困帮扶政策，提振市场主体信心，为各类市场主体特别是中小企业创造广阔的发展空间。

在具体实践中，一是着力降低企业成本与负担，依法保障各类市场主体平等参与政府采购和招标投标等公共资源交易活动，允许投标人自主选择以保函、保险等方式提交投标保证金和履约保证金，不得强制要求支付现金；同时规定，在政府采购活动中推广不收取投标保证金，以责任承诺书的方式替代投标保证金。为降低小微企业融资成本，规定金融机构不得向小微企业收取贷款承诺费、资金管理费等不合理费用，严格限制收取财务顾问费、咨询费等费用。为降低物流成本，交通运输、市场监管等部门应当加强对货运收费的监管、指导，取消无依据、无实质服务内容的收费项目；推进高速公路按照车型、时段、路段等实施差异化收费；鼓励有条件的地区通过政府回购等方式降低公路通行成本。二是为提高政策的针对性有效性，推动惠企利民政策落到实处，广东省明确建立优惠政策免申即享机制，通过信息共享、大数据分析等方式，对符合条件的企业实行优惠政策免予申报、直接享受；梳理并集中公布惠企政策清单并主动向企业精准推送政府内容。为确保财政奖补政策科学合理、合法合规、公平公正，

严格规范财政奖励、补贴的发放程序，及时公开财政奖励、补贴的政策依据、适用范围、发放程序和时限，并按规定时限发放财政奖励、补贴。为畅通常态化沟通联系，广东各级单位积极建立本级人民政府主要负责人与市场主体代表定期面对面协商沟通机制，采取多种方式及时听取市场主体的反映和诉求，鼓励和支持行业协会商会等第三方机构对优化营商环境问题开展调研，向营商环境主管部门提出专业性报告和政策性建议。

▶ 主要参考文献

1. 习近平：《习近平著作选读》第1卷、第2卷，人民出版社2023年版。

2. 习近平：《论把握新发展阶段、贯彻新发展理念、构建新发展格局》，中央文献出版社2021年版。

3. 中共中央宣传部，国家发展和改革委员会编：《习近平经济思想学习纲要》，人民出版社、学习出版社2022年版。

4. 习近平：《高举中国特色社会主义伟大旗帜 为全面建设社会主义现代化国家而团结奋斗——在中国共产党第二十次全国代表大会上的报告》，《人民日报》2022年10月26日。

5. 习近平：《加快建设以实体经济为支撑的现代化产业体系 以人口高质量发展支撑中国式现代化》，《人民日报》2023年5月6日。

6. 习近平：《加快发展新质生产力 扎实推进高质量发展》，《人民日报》2024年2月2日。

7. 毛泽东：《毛泽东文集》第8卷，人民出版社1999年版。

8. 邓小平《邓小平文选》第3卷，人民出版社1993年版。

9. 洪银兴：《中国式现代化论纲》，江苏人民出版社2023年版。

10. 张占斌：《中国式现代化与高质量发展》，人民出版社2023年版。

11. 李文军、郭佳：《发展壮大中国战略性新兴产业 中国五年规划发展报告（2021~2022）》，社会科学文献出版社2022年版.

12. 宁阳：《加快建设现代化经济体系的五大维度》，《广西社会科学》2020第5期，第60—65页。

13. 陈宪：《战略性新兴产业发展态势探究》，《人民论坛》2023第21期。

14. 黄群慧：《新发展格局的理论逻辑、战略内涵与政策体系——基于经济现代化的视角》，《经济研究》2021第4期。

15. 李娅、侯建翔：《现代化产业体系：从政策概念到理论建构》，《云南社会科学》2023第5期。

16. 黄汉权、盛朝迅：《现代化产业体系的内涵特征、演进规律和构建途径》，《中国软科学》2023第10期。

17. 蔡蔚、余宇新：《中国制造业企业管理效率影响因素分析》，《上海经济研究》2012第10期。

18. 曲洪建：《长三角共同打造世界级产业集群研究》，《科学发展》2019第11期。

19. 邵军：《新发展格局下的产业集群转型升级》，《人民论坛》2024第2期。

20. 李扬、沈志渔：《战略性新兴产业集群的创新发展规律研究》，《经济与管理研究》2010第10期。

21. 盛朝迅：《高水平科技自立自强的内涵特征、评价指标与实现路径》，《改革》2024第1期。

22. 夏杰长、李銮淏：《构建中国式现代化产业体系的现实基础、约束条件和关键突破》，《河北学刊》2023第6期。

23. 郑栅洁：《加快建设以实体经济为支撑的现代化产业体系》，《宏观经济管理》2023第9期。

24. 张虎、张毅、韩爱华：《我国产业链现代化的测度研究》，《统计研究》2022第11期。

▶ 后 记

产业是发展的根基，加快形成新质生产力必须建设现代化产业体系。党的二十大报告对"建设现代化产业体系"作出了战略部署，二十届中央财经委员会第一次会议又提出"推进产业智能化、绿色化、融合化，建设具有完整性、先进性、安全性的现代化产业体系"，这为我国建设现代化产业体系提供了科学指引。当前我国正处在从富起来向强起来迈进的关键时期，能否建成具有完整性、先进性、安全性的现代化产业体系，不仅关系到社会主义现代化国家建设，而且攸关中华民族伟大复兴的进程和中国未来的国际地位。本书正是在这一背景下所作的研究。因本书为学习研究党的创新理论系列丛书中的一种，写作时间紧且需要统一进度，故采取分工合作的办法完成。全书由罗嗣亮拟定框架结构并撰写导论，吴继飞撰写第一章，滕飞撰写第二章，杨思敏撰写第三章，王思霓撰写第四章，夏雪撰写第五章，骆红旭撰写第六章。冷玉威、王伟参与了书稿修改工作。最后由罗嗣亮、吴继飞统稿和定稿。本书写作和出版过程中，中山大学马克思主义学院副院长张浩教授对于选题、写作风格等提供了重要的指导意见，广东人民出版社曾玉寒主任和编辑团队进行了精心编校，何岳平先生多次与作者探讨当前经济发展问题，惠赐真知灼见，在此一并致谢。

作 者

2024年5月20日